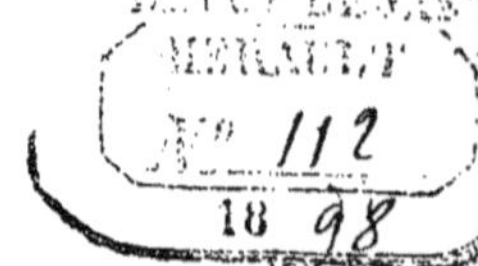

FACULTÉ DE DROIT DE MONTPELLIER

LE MOUVEMENT SYNDICAL ET COOPÉRATIF DANS L'AGRICULTURE FRANÇAISE

LA FÉDÉRATION AGRICOLE

THÈSE POUR LE DOCTORAT

PAR

ÉLIE COULET
AVOCAT

MONTPELLIER
CAMILLE COULET, ÉDITEUR
Grand'Rue, 5

PARIS
MASSON ET Cie, ÉDITEURS
Boulevard Saint-Germain, 120

1898

THÈSE

POUR

LE DOCTORAT EN DROIT

UNIVERSITÉ DE MONTPELLIER

FACULTÉ DE DROIT

MM. VIGIÉ, Doyen, Professeur de Droit civil, chargé du cours d'Enregistrement.

VALABRÈGUE, Assesseur, Professeur de Droit commercial.

BRÉMOND, Professeur de Droit administratif.

GIDE, Professeur d'Économie politique, en congé.

LAURENS, Professeur de Droit civil, chargé du cours de Législation notariale.

GLAIZE, Professeur de Procédure civile, chargé du cours des Voies d'exécution et d'un cours de Législation financière.

LABORDE, Professeur de Droit criminel, chargé du cours de Législation et d'Économie industrielles.

CHARMONT, Professeur de Droit civil, chargé du cours de Droit civil dans ses rapports avec le Notariat.

CHAUSSE, Professeur de Droit romain.

MEYNIAL, Professeur d'Histoire du Droit.

BARDE, Professeur de Droit constitutionnel.

DECLAREUIL, Professeur de Droit romain, chargé du cours d'Histoire du Droit public français et du cours de Pandectes.

VALÉRY, Professeur adjoint, chargé des cours de Droit international public et de Droit international privé.

BROUILHET, chargé d'un cours d'Économie politique et d'un cours de Législation financière.

GARIEL, chargé d'un cours d'Économie politique et du cours d'Histoire des Doctrines économiques.

GIRAUD, Secrétaire.

MEMBRES DU JURY :

MM. CHAUSSE, *Président.*

BROUILHET, } *Assesseurs.*
GARIEL, }

*

FACULTÉ DE DROIT DE MONTPELLIER

LE MOUVEMENT
SYNDICAL ET COOPÉRATIF
DANS
L'AGRICULTURE FRANÇAISE

LA FÉDÉRATION AGRICOLE

THÈSE POUR LE DOCTORAT

PAR

ÉLIE COULET
AVOCAT

MONTPELLIER
CAMILLE COULET, ÉDITEUR
Grand'Rue, 5

PARIS
MASSON ET Cie, ÉDITEURS
Boulevard Saint-Germain, 120

1898

AVANT-PROPOS

Depuis quelques années, l'agriculture est considérée, en France, comme la seule industrie *nationale*, la seule importante, en faveur de laquelle l'État doit consentir tous sacrifices, tous secours, toute protection pour en assurer la prospérité; nous verrions à cela un inconvénient moindre s'il n'en résultait des dommages sérieux, soit pour les autres industries nationales, manufacturière ou commerciale, soit pour la consommation. Aussi sommes-nous loin de partager l'engouement général pour tous les développements actuels de l'association agricole.

Nous croyons sincèrement que les syndicats agricoles ont fait un mauvais usage de la loi du 21 mars 1884, qui consacrait leur existence : le rôle des associations professionnelles agricoles ainsi créées, tel qu'il résultait des indications de la loi, était très vaste et les résultats de leur action devaient être féconds pour toute l'agriculture. Au contraire, une partie restreinte des agriculteurs a seule retiré des avantages du fonctionnement des syndicats parce que ceux-ci, dès l'origine, ont été formés uniquement entre les propriétaires du sol, surtout entre les grands et moyens propriétaires, à l'exclusion des nombreuses populations ouvrières rurales dont la situation misérable n'a reçu aucune amélioration.

Nous avons divisé notre étude sur le *Mouvement syndical et coopératif dans l'agriculture française* en trois parties, plus exactement en une *Introduction* et deux parties proprement dites.

Notre introduction comprend un rapide aperçu historique sur l'association rurale depuis le Moyen Age jusqu'à la loi du 21 mars 1884 et une étude juridique très sommaire de cette loi.

Dans la première partie, *Les Syndicats et les Sociétés coopératives dans l'agriculture*, nous étudions le fonctionnement primitif des associations agricoles et leurs développements successifs ; nous y voyons que l'action syndicale s'est exercée en matière d'achats, de ventes et de crédit uniquement au profit des propriétaires ruraux (chapitres I, III et IV), au lieu que les salariés agricoles, exclus des syndicats patronaux et n'ayant pas la possibilité de créer des syndicats agricoles ouvriers, n'ont aucunement bénéficié et n'attendent aucun bienfait des associations professionnelles (chapitre II).

Dans la deuxième partie, *La Fédération agricole,* nous décrivons la formation d'un *État agricole fédéral* par la constitution d'Unions diverses de syndicats agricoles et de grands syndicats agricoles nationaux ayant un objet spécial (chapitre Ier) ; puis nous étudions l'influence de cette puissante organisation sur la politique économique de la France, caractérisée par le vote de nombreuses lois protectrices des seuls intérêts agricoles, au détriment de la consommation nationale, du commerce et de l'industrie (chapitre II) ; enfin, dans un dernier chapitre, prévoyant le développement normal des associations agricoles, nous indiquons la constitution probable d'*Ententes* agricoles, conséquence de l'évolution commerciale de l'agriculture moderne, et nous recherchons les moyens de parer à ce danger menaçant pour les autres classes de la nation.

Montpellier, le 4 juillet 1898.

LE MOUVEMENT

SYNDICAL ET COOPÉRATIF

DANS

L'AGRICULTURE FRANÇAISE

INTRODUCTION

Aperçu historique. — Les origines de l'association dans l'agriculture. — Les communautés taisibles rurales; les fruitières; les *frairies* ou confréries. — Les sociétés d'agriculture sous l'ancien régime : *la Société des arts et d'agriculture de Rennes.*

Les associations syndicales.

La loi du 21 mars 1884. — Définition et objet des syndicats professionnels agricoles. — Caractères de la personnalité civile des syndicats. — Extinction et dissolution des syndicats. — Les Unions de syndicats professionnels.

Les diverses manifestations de l'esprit d'association dans l'agriculture, au cours des siècles, n'ont jamais eu beaucoup d'ampleur et furent généralement oubliées dès leur disparition. Ayant toutes un caractère spécial, n'intéressant qu'un petit nombre d'individus, sans lien entre elles, les associations rurales d'autrefois ne purent jamais s'imposer à l'attention générale et vécurent presqu'autant ignorées de leurs contemporains que de la postérité. Aussi, de nos jours, devant la progression croissante des syndicats agricoles, beaucoup croient voir dans cette transformation de l'agriculture un phénomène tout nouveau, alors que, seule, l'étendue de ce mouvement vers l'association doit retenir l'attention. Cet essor nouveau de l'association agricole est dû au groupement au syndicat de toutes les institutions à caractère coopératif ou mutualiste adaptées aux besoins des populations rurales, et aussi à une meilleure application des formes d'association du passé, à leur adaptation au progrès économique moderne.

Les communautés taisibles rurales qui se multiplièrent indéfiniment du Xe au XVIe siècle où commença leur disparition constituèrent assurément des associations bien informes, et nul des coopérateurs modernes ne voudrait reconnaître en elles un lointain ancêtre, mais elles favorisèrent beaucoup l'affranchissement des serfs en leur assurant une plus large indépendance vis-à-vis des seigneurs, et, bien que ce ne fût pas leur but principal, elles amenèrent une meilleure exploitation du sol. Aussi les seigneurs féodaux, loin de combattre ces groupements qui allaient diminuer leur puissance, les encouragèrent-ils et, en certaines contrées même, les rendirent-ils obligatoires, parce que, tirant tous leurs revenus du sol, ils savaient les accroître par la constitution de ces communautés (1). Les communautés rurales modernes que l'on a tenté de constituer en divers pays, à

(1) Nous renvoyons ceux de nos lecteurs que l'étude des associations rurales au Moyen Age intéresserait à l'ouvrage de M. Genin : *Les Associations agricoles dans l'ancienne France et sous le régime de la loi de 1884*. Lyon, 1893.

Pinschin près Dantzig, dans le Norfolk, dans le Warwick, en Australie (1), etc., ne sont-elles pas des formes perfectionnées de ces antiques sociétés taisibles? Et nos syndicats agricoles, qui cherchent à faire naître la plus grande somme d'intérêts communs entre les paysans, ne tendent-ils pas aussi à les faire revivre, hors la vie en commun qui était la base des sociétés antiques, par la mise en commun d'animaux de labour et de trait, de machines, d'instruments, etc..., par la pratique des achats et des ventes pour le compte de tous les adhérents?

Les caves coopératives, si nombreuses en Allemagne et en Italie, les fruitières et laiteries coopératives que l'on s'efforce d'introduire et de multiplier dans les régions montagneuses de France où elles n'avaient jamais existé (Auvergne, Pyrénées, etc.), ne doivent-elles pas être rapprochées de ces antiques et si primitives fruitières (2) de la Franche-Comté, où elles s'introduisirent au cours du XVIIe siècle et dont l'origine en Suisse remonte au XIIIe siècle? Et ces sociétés de secours mutuels, que la loi de 1884 permet aux syndicats agricoles de fonder librement, n'existaient-elles pas déjà au Moyen Age, sous les formes de *frairies* ou confréries s'étendant très loin dans les campagnes? Mais les associations syndicales, si nombreuses depuis la loi de 1865, sont aussi très anciennes, et non seulement on peut citer la vaste association fondée en 1702 par le duc de Noailles pour le desséchement des marais du Languedoc, mais il est démontré, dit

---

(1) Voir notre chapitre : *Les Sociétés coopératives rurales*.

(2) Ces antiques sociétés «pratiquent depuis fort longtemps une coopération très pure dans son principe, sinon très bien comprise et organisée». Rocquigny (Cte de). *La Coopération de production dans l'agriculture*. Paris, 1896.

M. Hubert Valleroux (1), que plusieurs d'entre elles ont une origine même antérieure au XIIIe siècle.

Il n'est pas jusqu'à la forme même des syndicats agricoles modernes dont on ne trouve comme une ébauche à une époque déjà ancienne, antérieure à la Révolution. Depuis le règne d'Henri IV, qui avait compris avec Sully combien l'intérêt de la France était d'encourager l'agriculture en un temps où les produits du sol étaient la plus grande richesse d'un pays, une moins grande défaveur s'appesantissait sur le monde agricole. A la fin du XVIIe siècle, on voit apparaître progressivement, dans les ouvrages des littérateurs, des savants, un sentiment nouveau, une tendresse marquée pour l'agriculture; c'est l'époque des Physiocrates et de tous les écrivains qui, sans être des économistes, entrent dans l'école physiocratique par la tendance de leur esprit. Cet amour pour l'agriculture ne fut pas un feu de paille; tel une traînée de poudre, il se propage dans toutes les classes de la société et, au XVIIIe siècle, un véritable culte pour l'agriculture se révèle dans toutes les manifestations des lettres et des arts. L'agriculture est à la mode partout, à la cour et dans les salons, et elle en devait tirer quelques avantages, car si les manifestations d'ordre pratique de ce bel amour pour elle furent peu nombreuses, il s'en produisit cependant quelques-unes. Alors, en 1755, à Volandry, dans l'Anjou, le marquis de Turbilly organise le premier concours agricole, et cette fête eut un tel retentissement que plusieurs sociétés ou comices se fondèrent aussitôt en divers points de la France: d'abord, en 1757, la Société des arts et d'agriculture de Rennes,

(1) *Economiste français*, 4 avril 1896.

puis, en 1761, la Société d'agriculture de la généralité de Paris, instituée le 1er mars par un arrêt du Conseil du Roi, etc...

Ces sociétés ne restèrent pas inactives et s'attachèrent à encourager les paysans, à s'enquérir de leurs besoins, à éveiller leur initiative ; elles concoururent ainsi par les meilleurs moyens au progrès de l'agriculture dans leur province. C'est ainsi que la Société d'agriculture des arts et du commerce de Rennes « deux ans après sa fondation, en 1759, demanda aux Etats Généraux de Bretagne de la subventionner pour pouvoir encourager les améliorations agricoles que, dès lors, elle avait reconnues possibles. Les Etats Généraux acquiescèrent à cette demande, et ce fut la première concession d'encouragements administratifs à l'agriculture, procédé usité aujourd'hui par tous les gouvernements. Mais la nature même des subventions accordées à la Société d'agriculture de Rennes assimilait celle-ci plus à un véritable syndicat qu'à une société d'agriculture : 3000 livres devaient être consacrées à l'achat de semences de trèfle pour être, celles-ci, distribuées gratuitement dans la province, 6400 livres devaient être réparties par primes de 50 livres chacune entre les plus zélés créateurs de prairies artificielles. Enfin, un troisième crédit assez élevé devait être employé à l'acquisition de taureaux et de béliers de bonnes races, propres à améliorer les races locales » (1).

Combien de syndicats agricoles actuels n'ont pas oublié que leur objet principal est précisément cette préoccupation du progrès de l'agriculture !

Il est probable que, dans cette voie des améliorations

---

(1) F. Bernard. *Les Syndicats agricoles.* Montpellier, C. Coulet, 1890.

culturales, les sociétés de Rennes, de Paris, etc..., auraient servi avec profit les intérêts de l'agriculture, mais la Révolution vint qui emporta, comme un torrent, toutes institutions ayant de près ou de loin un aspect corporatif. Les sociétés d'agriculture disparurent dans la tourmente.

Et cependant, durant cette longue période qui s'étend de la Révolution au vote de la loi autorisant les coalitions, en 1864, période où l'association sous toutes ses formes était très sévèrement proscrite, c'est encore l'association agricole qui parvint à subsister, en fait, sous la forme d'associations syndicales ou de syndicats de propriétaires, constitués en vue de l'exécution de travaux d'intérêt collectif. Assurément ces syndicats se heurtèrent à bien des difficultés, à l'antipathie des Tribunaux et de l'Administration, mais leur utilité les fit triompher de toutes les mauvaises volontés, de la loi elle-même, et ils se multiplièrent de telle façon qu'en 1865, lors du vote de la loi qui reconnaissait leur existence et réglait leur fonctionnement, ces syndicats de propriétaires existaient au nombre respectable de 2473.

Les associations syndicales (1) ne doivent pas être confondues avec les associations professionnelles d'agriculteurs, qui sont l'objet exclusif de notre étude. Les associations professionnelles doivent se proposer toutes recherches et toutes études désintéressées des institutions et des moyens les plus susceptibles de favoriser les inté-

---

(1) Les associations syndicales peuvent être *forcées*, *autorisées* ou *libres*. Nous ne pouvons aborder les développements que nécessiterait l'étude de chacune de ces catégories d'associations syndicales, et nous renvoyons le lecteur aux nombreux ouvrages de droit administratif, notamment au *Précis de droit administratif et de droit public général* de M. Hauriou.

rêts généraux de l'agriculture et la profession de l'agriculteur. Les associations syndicales régies par la loi du 21 juin 1865 ont, au contraire, un objet très limité : elles visent fréquemment la réalisation de bénéfices (par exemple, les associations syndicales d'irrigation) et bien que constituées généralement entre propriétaires ruraux, leurs travaux sont plus souvent motivés par une raison d'utilité publique générale que par un intérêt purement agricole. De plus, les membres des associations syndicales n'ont nullement à justifier de leur profession d'agriculteur, ce que la loi de 1884 exige des membres des syndicats agricoles. Nous devons cependant les indiquer, car certaines d'entre elles ont spécialement en vue des travaux d'intérêt collectif agricole.

La loi du 21 juin 1865 a été complétée par les lois du 4 avril 1882 et du 15 décembre 1888. Mais la plus importante addition résulte de la loi du 22 décembre 1888, qui vint étendre encore le domaine d'action des associations syndicales et permettre au Ministre des finances d'y adhérer pour les biens de l'Etat, aux préfets pour les biens des départements, aux maires et aux administrateurs pour les biens des communes et des établissements publics. Actuellement peuvent motiver la formation d'une association syndicale entre les propriétaires intéressés l'exécution et l'entretien des travaux :

1° De défense contre la mer, les fleuves, les torrents et rivières navigables ou non navigables ;

2° De curage, approfondissement, redressement et régularisation des canaux et cours d'eau non navigables ni flottables et des canaux de desséchement et d'irrigation ;

3° De desséchement des marais ;

4° Des étiers et ouvrages nécessaires à l'exploitation des marais salants ;

5° D'assainissement des terres humides et insalubres ;

6° De défense des terrains en montagne (loi du 4 avril 1882) ;

7° De défense contre les vignes phylloxérées (loi du 15 décembre 1888) ;

8° D'ouverture, d'élargissement, de prolongement et de pavage des voies publiques et de toute autre amélioration ayant un caractère d'intérêt public dans les villes et faubourgs, bourgs, villages et hameaux (loi du 22 décembre 1888) ;

9° D'assainissement dans les villes et faubourgs, bourgs, villages et hameaux ;

10° D'irrigation et de colmatage ;

11° De drainage ;

12° De chemin d'exploitation et de toute autre amélioration agricole d'intérêt collectif.

Certains de ces travaux (tels les travaux de défense contre les vignes phylloxérées) peuvent être compris dans l'étude et la défense des intérêts économiques agricoles que la loi de 1884 assigne pour objet à l'activité des syndicats professionnels agricoles, et il semble dès lors que les intéressés peuvent recourir à leur gré soit à la législation des associations syndicales, soit à la loi du 21 mars 1884. Rien ne s'oppose, en effet, à ce qu'ils optent pour celle de ces lois qui leur paraîtra conférer les plus grands avantages. Toutefois, il convient de remarquer que les associations syndicales, selon la loi de 1865, peuvent être constituées entre propriétaires quelconques justifiant d'un intérêt dans l'entreprise, au lieu qu'un syndicat agricole, selon la loi de 1884, ne peut être formé qu'entre personnes exerçant la profession d'agriculteur.

La loi de 1884 n'était pas destinée à l'agriculture, et les travaux préparatoires, pourtant très considérables, n'apportent rien d'intéressant à l'histoire de l'association rurale. Cependant, bien qu'elle ne fût pas destinée à l'agriculture, le législateur n'entendait pas exclure celle-ci du bénéfice de la loi sur les syndicats professionnels, ainsi que parut le croire M. le sénateur Oudet, qui demanda l'adjonction des mots «et agricoles» aux articles 3 et 5 de la loi. La déclaration du rapporteur, M. Tolain, répondant à M. Oudet, est très explicite sur ce point et nous comprenons mal que certains auteurs (1) aient persisté à attribuer à M. Oudet la paternité des syndicats agricoles actuels. Nous devons seulement lui être reconnaissants de la précision ainsi apportée dans le texte de la loi (2).

---

(1) «..... Tout autre a été la fortune du syndicat agricole, né d'une adjonction apportée par hasard, et à la dernière heure, dans le texte de la loi.....» Kergall. *Du rôle social des syndicats agricoles.* Rapport présenté au 3e Congrès national des syndicats agricoles.

(2) SÉNAT (séance du 22 février 1884). — **M. Oudet :** «Je propose d'ajouter à la fin de l'art. 3 un mot que la Commission accepte comme un développement utile. Ce serait de mettre à la suite des mots «*la défense des intérêts économiques, industriels et commerciaux*», l'expression «*et agricoles*».

M. le rapporteur (Tolain) : «La Commission accepte d'autant plus volontiers la proposition de l'honorable M. Oudet que son amendement me fournit l'occasion de faire une déclaration qui a été sollicitée de la Commission par beaucoup de personnes.

»On a cru tout d'abord, parce qu'elle s'était servie des mots «syndicats professionnels», qu'elle voulait en restreindre, limiter et circonscrire l'application aux seuls ouvriers qui travaillent manuellement, aux ouvriers industriels. Jamais la Commission n'a eu une pareille pensée. Elle espère bien, au contraire, que la loi qui vous est soumise est une loi très large dont se serviront un très grand nombre de personnes auxquelles tout d'abord on n'avait pas pensé : les gens de bureau, par exemple, les compta-

De ce bien rapide aperçu historique, retenons seulement qu'à diverses époques l'association s'est manifestée dans l'agriculture : il est donc erroné de penser que l'association rurale n'a pas d'histoire et que son origine se confond avec la création des syndicats professionnels agricoles.

La loi du 21 mars 1884

La loi du 21 mars 1884 sur les syndicats professionnels, ainsi élaborée dans l'intérêt des groupements commerciaux et industriels, surtout des groupements ouvriers, n'apporta pas de changement bien appréciable à la condition de ceux-ci, tandis qu'elle était peu après la source de bouleversements considérables dans l'agriculture, où elle n'avait paru devoir jamais causer telle transformation. Le contraste est des plus frappants aujourd'hui où, de toutes parts, des œuvres considérables inspirées de cette loi, ayant divers objets mais toutes pour but commun l'intérêt des agriculteurs, s'élèvent, se développent, qui modifieront plus favorablement encore la situation du monde agricole, mais qui sont, pour beaucoup d'esprits désintéressés et impartiaux, inquiétantes par leurs effets fâcheux pour les autres classes de la nation.

Le législateur de 1884 a été souvent critiqué pour son imprévoyance et son peu de sagesse, mais il est sans

---

bles, les commis, les employés de toute espèce. En un mot, toute personne qui exerce une profession aura le droit de se servir de la nouvelle législation que vous allez voter.

»La Commission accepte donc parfaitement les mots «*et agricoles*» qui sont relatifs aux ouvriers agricoles, car il n'est jamais entré dans sa pensée, je le répète, de les exclure du bénéfice de la loi.» *Journal Officiel*. Sénat. Déb. parl., mars 1884, p. 451.

doute plus aisé de critiquer les faits accomplis que prévoir l'avenir. Les syndicats professionnels institués par la loi furent une copie plus parfaite des institutions alors existantes et constituées illégalement depuis la loi de 1864, telles que la Fédération des ouvriers typographes, l'Union des Chambres syndicales des ouvriers de France, etc..., enfin les diverses Chambres syndicales ouvrières des centres industriels. Comment le législateur eût-il pu prévoir la formation et le développement actuel des syndicats agricoles, alors que l'agriculture avait paru toujours vouée à l'esprit de routine et qu'il n'existait dans le monde agricole aucune institution comparable à celles que nous venons de mentionner, qui s'étaient fondées et fonctionnaient librement dans le monde industriel ?

Peut-être aussi les résultats tellement différents que nous devons constater entre les syndicats professionnels industriels et les syndicats agricoles tiennent-ils à la situation inégale qui fut faite aux uns et aux autres par l'Administration et par les Tribunaux. Tandis que les premiers étaient considérés, malgré la loi sanctionnant leur existence, comme des institutions révolutionnaires, étaient soumis à une minutieuse surveillance et paralysés dans toute initiative, les syndicats agricoles, qui ne présentèrent jamais, eux, aucun caractère révolutionnaire, bénéficiaient de l'inattention générale, clamaient très haut les toujours nouvelles souffrances de l'agriculture « l'agriculture se meurt, l'agriculture est morte ! », et, grâce à ces cris de détresse, obtenaient du gouvernement apeuré une révolution de notre régime douanier et se transformaient illégalement en dépit des sanctions de la loi, grâce à la coupable bienveillance de nos gouvernants. Telle fut l'origine de la toute puissance des syndicats agricoles modernes.

Avant d'aborder les développements de cette étude économique, il convient d'examiner le cadre juridique où doivent se mouvoir les syndicats professionnels, les diverses règles imposées par la loi à leur création et à leur fonctionnement (1). C'est seulement après cette étude de leur régime légal que nous pourrons apprécier l'activité économique des syndicats et chercher à dégager leur voie véritable, celle qui leur fut tracée par le législateur lui-même.

Définition et objet. — On peut définir le syndicat agricole « une association professionnelle d'agriculteurs, propriétaires grands et petits, fermiers, métayers, employés ou ouvriers de culture unis pour étudier en commun et défendre les intérêts économiques agricoles ». Notre définition peut présenter le défaut de ne pas expliquer suffisamment l'objet réel des syndicats en reflétant trop fidèlement le texte de la loi (2). Pourtant, ce texte de la loi nous paraît suffisamment clair et nous ne voyons pas de bonne raison pour le modifier. Prévoyant cette objection, M. P. Salles, dans sa définition des syndicats agricoles, leur a assigné pour objet exclusif l'*étude et la défense des intérêts communs des membres*

(1) Nous ne pouvons donner la théorie juridique complète des syndicats professionnels et nous nous bornerons à examiner les règles juridiques en rapport avec notre étude économique, renvoyant le lecteur, pour plus amples détails, à l'ouvrage si complet de M. Glotin. *Etude historique, juridique et économique sur les syndicats professionnels.* Paris, 1892.

(2) Loi du 21 mars 1884, art. 3. «Les syndicats professionnels ont exclusivement pour objet l'étude et la défense des intérêts économiques, industriels, commerciaux et agricoles.»

syndiqués (1). Cette définition a le grave défaut, pour éviter une trop grande similitude avec le texte de la loi, de dénaturer complètement ce texte. Elle a un inconvénient bien plus grave selon nous, car tandis que plus loin, nous appuyant sur le texte même de la loi du 21 mars 1884, nous critiquerons certaines opérations des syndicats agricoles, la définition de M. P. Salles tend à les justifier par avance en les donnant pour l'objet principal des syndicats (2).

---

(1) Paul Salles. *Du rôle économique des syndicats agricoles*. Montpellier, 1896.

(2) *Formalités exigées pour la constitution d'un syndicat.* — La loi se borne à exiger : 1° que les statuts et les noms des administrateurs ou directeurs du syndicat soient déposés à la mairie du lieu où il est établi et, pour Paris, à la Préfecture de la Seine, sous la sanction d'une amende de 16 à 200 fr., qui peut être portée à 500 fr. en cas de fausse déclaration. Les Tribunaux pourront, en outre, à la diligence du procureur de la République, prononcer la dissolution du syndicat et la nullité des acquisitions d'immeubles faites en violation de l'article 6 (art. 9) ;

2° Que les administrateurs ou directeurs soient Français et jouissent de leurs droits civils ;

3° Enfin, la communication au procureur de la République des pièces déposées. L'officier public qui reçoit le dépôt doit faire la communication au parquet. Malheureusement, en l'absence de sanction pénale édictée par la loi, cette formalité est peu ou prou accomplie, et les magistrats des parquets n'examinent jamais sérieusement les pièces déposées, ainsi que le constatait le Ministre de la Justice : «J'ai été amené à constater que, dans la pratique, les parquets se bornent la plupart du temps à vérifier si, conformément aux articles 4 et 5 de la loi, les administrateurs sont Français et jouissent de leurs droits civils. Ils n'examinent pas la rédaction des statuts et ils renvoient assez fréquemment aux préfets, sans observations, des règlements absolument contraires au texte et à l'esprit de la loi. C'est ainsi qu'un certain nombre de statuts concernant des associations....... *ayant en vue des opérations commerciales ou formées dans un but politique évident* ont reçu l'approbation tacite des parquets, alors que la loi n'autorise à se syndiquer entre elles que des personnes....... se consacrant exclusivement à l'étude et à la défense des intérêts économiques, industriels, commerciaux et agricoles». (Circulaire de M. Thévenet, ministre de la justice et des cultes, aux procureurs généraux, relative à l'examen des statuts des

Le syndicat agricole, association professionnelle, avons-nous dit, est ouvert aux propriétaires ruraux, grands et petits : ici, quelques explications sont nécessaires. Les jurisconsultes des associations agricoles, notamment MM. Sénart et Boullaire, ont soutenu qu'il ne fallait pas entendre dans un sens étroit l'expression *profession agricole :* «.... tout propriétaire foncier a des intérêts économiques et agricoles engagés dans l'exploitation de son fermier, il intervient fréquemment dans l'exploitation même du fonds, et le fermier ne peut apporter à celle-ci aucune modification sérieuse sans être tenu, au préalable, d'obtenir l'autorisation du bailleur: il n'est donc pas abusif de considérer ce dernier comme faisant profession d'agriculteur» (1). Cette argumentation est mauvaise: la qualité de propriétaire d'immeubles ruraux affermés n'est pas une *profession,* c'est une *condition sociale*, dit avec raison M. Pic (2). Et en effet, il nous semble bien difficile d'établir une distinction sérieuse entre la situation de tels propriétaires fonciers et celle de capitalistes commanditaires d'une industrie quelconque ou propriétaires d'ateliers, d'usines dont ils ne sont pas les directeurs ou gérants et qui ne sont pas admis, à bon droit, dans les syndicats professionnels industriels. Nous réserverons donc le droit d'entrée dans les syndicats agricoles aux seuls propriétaires ruraux exploitants. — La question est plus délicate lorsqu'il s'agit de pro-

---

syndicats, 9 décembre 1889). La circulaire de M. Thévenet n'eut pas l'heur de convenir aux magistrats des parquets, et ceux-ci, comme par le passé, continuèrent à donner aux pratiques illégales des syndicats agricoles leur *approbation tacite*.

(1) Boullaire. *Manuel des syndicats professionnels agricoles*. Paris, 1888.

(2) *Traité élémentaire de législation industrielle,* t. I. Paris, 1894.

priétaires dont les biens ne sont pas affermés mais loués à un *métayer :* il est bien vrai que la loi du 18 juillet 1889 semble considérer le métayage comme une forme de bail (1), partant assimilable au cas de fermage ; cependant, dans la réalité, le métayage implique une véritable association entre le propriétaire et le métayer. Cette association est parfois fictive, il est vrai ; elle se réduit à un simple règlement de comptes entre les parties, lorsque par exemple le propriétaire est éloigné de ses propriétés ; mais très souvent l'association fonctionne réellement et dès lors il serait injuste de refuser au propriétaire exploitant avec un métayer le droit de faire partie d'un syndicat agricole.

Que faut-il entendre par cette expression « *l'étude et la défense des intérêts économiques agricoles* » que la loi (art. 3 et 5) indique comme l'objet exclusif de l'activité des syndicats et des Unions de syndicats? Quels sont ces intérêts économiques agricoles ? Sont-ils ceux des membres syndiqués ou ceux des agriculteurs en général? En d'autres termes, pour répondre au vœu de la loi, les syndicats doivent-ils entreprendre des opérations relatives aux intérêts généraux de l'agriculture, ou bien des opérations relatives aux intérêts particuliers de leurs membres ou encore aux intérêts particuliers de quelques-uns de leurs membres? — Sans nul doute, le législateur a entendu donner aux syndicats la défense des intérêts économiques de l'agriculture en général, et c'est ce qu'il spécifiait mieux encore en qualifiant le syndicat *une association d'étude*. Mais les syndicats ne pensèrent pas de

---

(1) Voir : Glotin (H.). *Etude historique, juridique et économique sur les syndicats professionnels*. Paris, 1892.

même et prétendirent qu'il n'y avait pas lieu de distinguer entre ces diverses opérations, car elles tendaient toutes à la défense des intérêts généraux de l'agriculture. Cette théorie ne fut jamais sérieusement combattue, et les syndicats agricoles s'en servirent pour justifier leurs opérations ayant toutes pour but la défense des intérêts particuliers de leurs adhérents. C'est ainsi, du reste, qu'ils assurèrent leur succès, nous devons le reconnaître, en offrant dès le premier jour aux agriculteurs des avantages matériels, pécuniaires, résultant notamment de la pratique des achats collectifs et des ventes directes des produits agricoles par le syndicat. Mais, ce faisant (1), ils devenaient de simples sociétés commerciales et n'avaient plus de titre pour réclamer les avantages de toute nature dont le législateur avait comblé les syndicats en les élevant au rang des établissements d'utilité publique.

La défense des intérêts économiques agricoles justifie-t-elle l'intervention d'un syndicat dans une élection politique, une élection législative par exemple, sous le prétexte que les élus auront pour mission de discuter et de légiférer sur des questions rentrant dans l'objet des syndicats? Ici encore, et nous reviendrons plus longuement sur ce point, les faits semblent avoir répondu affirmativement par avance (2) ; mais, ici encore, les faits sont en violation du droit, et nous sommes heureux de pouvoir

---

(1) «Pour ce qui est même des intérêts dont les syndicats ont la faculté de s'occuper, observons qu'ils n'ont à ce sujet qu'un droit d'*étude et de défense*. Cela implique qu'ils ne peuvent se livrer eux-mêmes à l'industrie et au commerce.» R. Gonnard. Caractères généraux de la loi de 1884 sur les syndicats professionnels. Justification de cette loi, 1898. *Annales de l'Université de Lyon*, fasc. XXXVI.

(2) Voir notre chapitre : *L'influence de la Fédération agricole sur la politique économique.*

étayer notre humble opinion de celle très autorisée de M. Paul Pic: «Tout syndicat professionnel qui s'immiscerait dans les élections politiques, voire même dans les élections municipales, tomberait sous le coup de la loi» (1).

Personnalité civile. — La loi du 21 mars 1884 donne la personnalité civile à tous les syndicats professionnels régulièrement constitués, c'est-à-dire aux syndicats qui ont opéré le dépôt de leurs statuts et des noms de leurs administrateurs ou directeurs. « La personnalité civile, dit M. Waldeck-Rousseau, est la fiction légale par laquelle une association est reconnue comme constituant une personne distincte de la personne de ses membres et en qui réside la propriété des biens de la société ». Un syndicat professionnel régulièrement constitué est donc un être moral qui a le droit d'acquérir, de posséder, de jouir de tous les droits civils que possède une personne majeure reconnue capable par la loi.

Un système plus sage avait été proposé par MM. Ribot et Goblet: tous syndicats se formaient librement, sans conditions préalables, mais la personnalité civile ne devait être accordée qu'à ceux dont les statuts auraient subi un examen de l'autorité publique. La crainte de l'arbitraire administratif fit repousser ce système.

Les syndicats professionnels sont donc des personnes morales : mais dans quelle catégorie devons-nous les faire rentrer, sont-ils des personnes morales du droit public ou des personnes morales du droit privé? En d'autres

---

(1) *Traité élémentaire de législation industrielle*. Paris, 1894. — En ce sens également: R. Gonnard. *Caractères généraux de la loi de 1884*. Voir la note précédente.

termes, devons-nous dire que les syndicats sont des établissements d'utilité publique ou des sociétés privées? La question est fort discutée. Ce n'est pas ici le lieu d'exposer les arguments présentés de part et d'autre et de retracer les diverses phases d'une question non encore résolue. Pour nous, le système véritablement fondé est celui de la Circulaire ministérielle du 21 mai 1884, interprétative de la loi, qui place nettement les syndicats professionnels au rang des établissements d'utilité publique (1). C'est aussi la théorie de MM. H. Glotin et M. Sauzet (2), qui établissent le critérium suivant : « Les établissements d'utilité publique, les personnes morales publiques, sont celles qui supposent la poursuite d'un but désintéressé, sont exclusives de toute préoccupation de lucre qui impliquerait volonté de maintenir les droits individuels sur la tête des adhérents à l'œuvre » ; tandis que, au contraire, « les sociétés, les personnes morales privées, ne sont qu'un moyen de favoriser la réalisation de bénéfices individuels et supposent dès lors que l'être fictif n'absorbe pas en lui les droits des associés ». Qui donc pourrait soutenir sérieusement que le législateur a voulu donner les faveurs de constitution et la protection de la loi de 1884 à de telles sociétés ? C'est là pourtant la théorie de nombreux auteurs, notamment de M. Boullaire (3), qui s'empressent aussitôt d'essayer de démontrer que les syndicats

---

(1) En ce sens : R. Gonnard. Caractères généraux de la loi de 1884 sur les syndicats professionnels. 1898. *Annales de l'Université de Lyon*, fasc. XXXVI ; Pic. *Traité de législation industrielle ;* H. Glotin. *Les syndicats professionnels ;* Hauriou. *Précis de droit administratif et de droit public général.* Paris, 1897.

(2) *Revue critique*, 1888, pages 206 et 391.

(3) *Manuel des syndicats professionnels agricoles*, 1888. — En ce sens également : Mongin. *Lois nouvelles*, 1884 ; Boullay. *Code des syndicats professionnels agricoles.*

agricoles, malgré leurs apparences, ne visent nullement la réalisation de bénéfices collectifs ou individuels. Nous verrons plus loin que les apparences ne sont pas trompeuses, que les syndicats agricoles constituent actuellement de réelles sociétés commerciales, tout au moins des sociétés coopératives, et n'ont aucun titre pour justifier d'un régime plus privilégié encore que celui des sociétés coopératives soumises à la loi de 1867.

En vertu de leur personnalité civile, les syndicats professionnels ont le droit d'ester en justice (art. 6) : l'action du syndicat n'est recevable «.... que dans les instances où le jugement à intervenir est de nature à intéresser l'association, sans pouvoir profiter ou préjudicier à l'un ou plusieurs de ses membres, à l'exclusion des autres » (1).

Cependant la jurisprudence n'accorde pas unanimement aux syndicats l'action en justice, même lorsque les intérêts particuliers de tous leurs membres sont en jeu. Un jugement (2) refuse cette action à un syndicat professionnel parce qu'il résultait de ses statuts qu'il avait été constitué en vue de l'intérêt général de la profession et non en vue de la défense des intérêts particuliers de ses adhérents. Un autre jugement (3) plus conforme, selon nous, à l'esprit de la loi du 21 mars 1884 (4), établit que les

---

(1) Arras, 13 juin 1888. S. 2. 142, et *Gazette du Palais*, 17 juin 1888.

(2) Nancy, 4 janvier 1896. S. 2, 244. — Voir également : Evreux, 21 oct. 1887. *Moniteur judiciaire de Lyon*, 21 février 1888.

(3) Aix, 26 janvier 1887. *Pandectes françaises*, II, 214.

(4) La loi de 1884 indique (art. 3 et 5) l'objet général de toutes les associations professionnelles ; il semble donc inutile de répéter dans les statuts de chaque syndicat que le but de sa constitution est l'étude et la défense des intérêts généraux de la profession, puisque cet objet lui est en quelque sorte imposé par la loi.

syndicats professionnels n'ont le droit d'ester en justice que pour la défense *des intérêts inhérents à leur personnalité juridique* et déclare, en conséquence, irrecevable l'action d'un syndicat ayant pour objet les droits individuels de ses adhérents, en vertu de la maxime *Nul en France ne plaide par procureur*.

La personnalité juridique des syndicats n'est pas complète, car la loi limite leur capacité en matière d'acquisition d'immeubles : « Ils ne pourront acquérir d'autres immeubles que ceux qui seront nécessaires à leurs réunions, bibliothèques et à des cours d'instruction professionnelle ». Les termes de l'article 6 sont susceptibles d'une certaine extension : c'est ainsi que nous accorderons aux syndicats professionnels agricoles le droit de posséder des champs d'expériences ou de démonstrations qui constitueront des annexes utiles et indispensables dans bien des cas aux cours d'instruction professionnelle. Mais l'extension que l'on peut donner à l'article 6 est limitée et nous ne saurions admettre l'interprétation beaucoup trop large de M. Boullaire (1) qui admet que les immeubles destinés à l'usage personnel du syndicat peuvent comprendre des bureaux, des magasins et des locaux spéciaux pour les animaux et les marchandises qu'il détient à raison de ses opérations. Cette interprétation est d'ailleurs tout à fait en contradiction avec les termes de la Circulaire ministérielle : « A l'égard des immeubles, la loi leur (aux syndicats) permet d'acquérir seulement ceux qui sont nécessaires à leurs réunions, à leur bibliothèque et à des cours d'instruction professionnelle : *les immeubles ne doivent pas être détournés de leur destination* ».

---

(1) *Manuel des syndicats professionnels agricoles*, 1888.

Ressources des syndicats agricoles. — Les ressources des syndicats comprennent les subventions accordées par l'État, les départements, les communes ou les sociétés d'agriculture ; les cotisations des adhérents ; les dons ou legs des particuliers ; les amendes ; les appels de fonds votés par l'assemblée générale. Ces ressources sont considérablement accrues par les remises prélevées sur les affaires que les syndicats traitent pour le compte de leurs adhérents : ces remises, d'après les défenseurs des syndicats, représentent seulement l'indemnité légitime pour couvrir les frais généraux causés par l'exécution des ordres commerciaux, mais nous verrons que, ces frais généraux payés, elles parviennent en outre à constituer un capital social variant avec l'importance du syndicat.

Extinction et dissolution. — Les syndicats professionnels cessent d'exister soit lorsque la dissolution est votée par l'unanimité des membres, soit lorsque le terme assigné à l'existence du syndicat est expiré, soit lorsque la dissolution en a été ordonnée par les Tribunaux pour infraction aux dispositions des articles 2, 3, 4, 5 et 6 de la loi (1).

---

(1) *Sanctions de la loi de 1884.*— «Lorsque les biens auront été acquis contrairement aux dispositions de l'art. 6. la nullité de l'acquisition ou de la libéralité pourra être demandée par le procureur de la République ou par les intéressés. Dans le cas d'acquisition onéreuse, les immeubles seront vendus pour le prix en être déposé dans la caisse de l'association. Dans le cas de libéralité, les biens feront retour à leurs déposants ou à leurs ayants-cause». (Art. 8).

«Les infractions aux dispositions des art. 2, 3, 4, 5 et 6 de la loi seront poursuivies contre les directeurs ou administrateurs du syndicat et punies d'une amende de 16 à 200 fr. Les Tribunaux pourront en outre, à la diligence du procureur de la République, prononcer la dissolution du syndicat et la

Nous avons dit qu'au cas de dissolution votée, celle-ci devait l'être par l'unanimité des membres syndiqués. Il convient de rappeler en effet que tout adhérent a le droit de démissionner et de ne plus faire partie du syndicat à n'importe quel moment: nous admettrons donc que le vote d'un certain nombre de membres, même d'une majorité, ne pourrait contraindre la minorité à abandonner l'œuvre d'utilité publique entreprise par le syndicat à son origine.

Nous avons précédemment insisté sur les caractères spéciaux de la personnalité civile des syndicats professionnels; nous avons indiqué les deux systèmes adoptés par la doctrine considérant les syndicats tantôt comme des établissements d'utilité publique, tantôt comme des sociétés privées. L'intérêt de la question est grand au cas de dissolution, car des règles très différentes seront posées pour la liquidation des biens du syndicat.

Ceux des commentateurs de la loi de 1884 qui ont accepté le système d'après lequel les syndicats professionnels constituent des sociétés privées admettent logiquement que l'actif social doit être réparti entre les syndiqués qui existent au jour de la dissolution. Cependant cette solution est contradictoire avec l'opinion que les syndicats professionnels doivent assurément procurer à leurs membres des avantages, *mais non des avantages matériels.* M. Boullaire le reconnaît en ces termes: «Quand le syndicat est dissous, il peut y avoir lieu à partage du patri-

---

nullité des acquisitions d'immeubles faites en violation de l'art. 6. Au cas de fausse déclaration relative aux statuts et aux noms et qualités des administrateurs ou directeurs, l'amende pourra être portée à 500 fr.». (Art. 9).

Les Tribunaux ont la souveraine appréciation des infractions et délits et réserveront les peines édictées dans les 2e et 3e paragraphes de l'art. 9 pour les infractions graves.

moine social entre les membres du syndicat *qui réaliseront, ce jour-là, un bénéfice pécuniaire de l'association* » (1). De plus, l'article 7 § 1er de la loi de 1884 refuse tout droit dans l'actif social aux syndiqués démissionnaires ou exclus; M. Boullaire, non plus que les auteurs qui ont admis le système de la personnalité privée des syndicats professionnels, ne le conteste : dès lors, comment admettre que ces syndiqués pourront avoir des droits dans le patrimoine social lorsque leur retraite ou leur exclusion se produira en masse, sera commune à tous, c'est-à-dire quand il y aura dissolution (2)?

Nous repousserons ce système, sans plus nous attarder à ces critiques cependant sérieuses, parce que le point de départ en est faux et que les syndicats professionnels doivent être rangés parmi les établissements d'utilité publique : nous devons donc conclure, au cas de dissolution, à l'attribution à l'État des biens du syndicat, à l'exclusion de tous les syndiqués (3).

Unions de syndicats. — La discussion de l'article de la loi autorisant les Unions de syndicats fut fort vive tant à la Chambre qu'au Sénat, et ce dernier, à une faible majorité, se laissa convaincre seulement peu avant le vote définitif de la loi. Le législateur craignait, nous le verrons dans la deuxième partie de notre étude, d'accorder la protection de la loi à la constitution de fédérations dangereuses à un certain moment pour la nation. Très sagement, le Sénat essaya de restreindre la puissance

---

(1) *Op. cit.*

(2) Sauzet. *Revue critique*, 1888, p. 401.

(3) Le principe du droit de succession de l'Etat aux biens des établissements d'utilité publique dissous est implicitement reconnu par les art. 539 et 713 du Code civil. (Ducrocq. Droit administratif, t. II, No 1337).

des futures Unions en les privant de la personnalité civile et par suite du droit de posséder aucun immeuble et d'ester en justice. Mais cette précaution fut de nul effet par la suite, les Unions agricoles ayant habilement tourné l'obstacle de la loi par la constitution auprès de chaque Union d'un syndicat ayant la capacité de faire les opérations qui leur étaient interdites à elles-mêmes.

«Les Unions se forment librement: elles devront faire connaître le nom des syndicats qui les composent» (art. 5). Telle est la seule formalité imposée à leur constitution. — La Circulaire ministérielle du 21 mai 1884 essaie bien d'ajouter au texte de la loi: «Si l'Union est régie par des statuts, elle doit également les déposer. Il est également nécessaire que l'Union fasse connaître le lieu où siègent les syndicats unis. Les autres formalités à remplir sont les mêmes pour les Unions et pour les syndicats». Nous ne pouvons accepter cette addition de la Circulaire ministérielle : quel que soit le ministre, et si bien inspiré soit-il, il n'est pas en son pouvoir d'ajouter à la loi. Au reste, les parquets ne se montrent guère plus sévères en ce qui concerne l'examen des statuts des Unions que pour l'examen des statuts des syndicats. Il importerait surtout que ceux-ci fussent sérieusement examinés: les Unions constituées par la suite entre ces syndicats en vue de l'action commune ne pourraient leur emprunter que des statuts ayant déjà reçu l'approbation expresse des parquets, et un nouvel examen de leurs propres statuts ne serait plus indispensable.

PREMIÈRE PARTIE

LES SYNDICATS PROFESSIONNELS ET LES SOCIÉTÉS COOPÉRATIVES DANS L'AGRICULTURE

CHAPITRE PREMIER

Les opérations commerciales des syndicats agricoles. Leur légalité

Origines de l'association d'achats en commun dans l'agriculture. — Les syndicats antérieurs à la loi de 1884.

L'achat en commun des engrais.—Services rendus à l'agriculture par les syndicats. — Extension du service d'achats en commun à tous les objets nécessaires à l'agriculteur. — Transformation complète du mécanisme des achats: l'achat direct par le syndicat en vue de reventes.

La vente directe des produits agricoles par les syndicats aux consommateurs. — La mévente de certains produits agricoles et la baisse des cours. —La suppression des intermédiaires-commerçants et leur remplacement par les syndicats et les sociétés coopératives agricoles de vente. — Comment les associations agricoles ont compris le partage entre le producteur et le consommateur des bénéfices réalisés par le commerce. — Raisons de l'insuccès des ventes directes à la consommation. — De l'utilité du commerce.

De la légalité des achats et des ventes traités par les syndicats professionnels agricoles. — Les protestations du commerce contre les agissements des syndicats agricoles et l'enquête ministérielle de 1888. — Que les actes ainsi accomplis par les syndicats agricoles sont des actes de commerce. — Si les syndicats doivent être soumis à l'impôt de la patente : l'interpellation de M. le comte d'Hugues.—Les actes de commerce sont interdits par la loi aux syndicats professionnels. — Sanctions de la loi. — Les syndicats peuvent constituer auprès d'eux des sociétés de commerce dont la personnalité restera distincte de la leur.

L'idée du syndicat agricole actuel est antérieure à l'intervention de M. le sénateur Oudet dans la discussion de la loi sur les associations professionnelles. C'est en mars 1883 que, sous l'impulsion de M. Tanviray, professeur départemental d'agriculture du Loir-et-Cher, fut constituée la première association d'agriculteurs ayant pour objet principal l'achat en commun des engrais (1). Peu après, dans le Loiret, un certain nombre d'agriculteurs imitaient cet exemple et fondaient, le 9 février 1884, un syndicat se proposant le même objet. Ces associations illégales (2) bénéficièrent, comme les chambres syndicales ouvrières, de la tolérance gouvernementale, et lorsque fut promulguée la loi qui reconnaissait officiellement l'existence des associations professionnelles, ces deux groupements d'agriculteurs n'eurent qu'à déposer leurs statuts et les noms de leurs administrateurs pour devenir des syndicats légaux.

C'est ainsi que les premières associations agricoles, constituées antérieurement à la loi de 1884 en vue de l'achat en commun des engrais, furent amenées à conti-

---

(1) Cette association est du moins la première constituée franchement en vue de ces opérations, mais certains comices agricoles pratiquaient antérieurement l'achat collectif. L'opinion de M. de Rocquigny (*La Coopération de production dans l'agriculture*. Paris, 1896, p. 1) que les comices agricoles avaient seulement en vue de répandre les connaissances techniques et de développer l'émulation chez les agriculteurs par l'institution de concours et l'attribution de récompenses nous paraît erronée. Tel était bien, en effet, leur but principal, mais certains d'entre eux, le Comice agricole de Trévoux (Ain) par exemple, pratiquaient déjà l'achat en commun tel que le réalisèrent plus tard les syndicats agricoles.

(2) La loi des 14-17 juin 1891 et l'art. 416 du C. P. étaient encore en vigueur et ne furent abrogés que par la loi du 21 mars 1884. L'art. 1er de cette loi déclare, en outre, que les art. 291, 292, 293, 294 du C. P. et la loi du 10 avril 1843 ne sont pas applicables aux syndicats professionnels.

nuer leurs opérations primitives lorsqu'elles furent des syndicats professionnels.

Nous devons reconnaître qu'en agissant ainsi, les syndicats agricoles rendirent alors de réels et appréciables services à l'agriculture. C'était l'époque où l'emploi des engrais chimiques commençait à se répandre, grâce à de savantes expériences et surtout aux heureuses applications qui en avaient été faites par de grands propriétaires en diverses contrées. Cependant divers obstacles empêchaient la masse des agriculteurs de faire usage de ces nouveaux et précieux engrais : d'abord, leur ignorance dans l'emploi raisonné et judicieux de ces éléments fertilisants, puis la malhonnêteté de certains industriels qui spéculaient sur cette ignorance de leurs acheteurs pour leur vendre, à des prix très élevés, de pseudo-engrais. Les associations rurales firent alors œuvre utile : elles se proposèrent de rechercher expérimentalement et d'indiquer aux agriculteurs de leur région les engrais et les quantités à employer pour chaque nature de terrain et pour chaque culture; elles offrirent le contrôle des matières fertilisantes achetées au commerce dans des laboratoires fondés ou subventionnés par elles et, en même temps, les avantages de l'achat collectif par le syndicat.

Le rôle d'éducateurs et de contrôleurs des matières fertilisantes achetées par les agriculteurs eût dû suffire, croyons-nous, au légitime désir des syndicats d'aider au progrès de l'agriculture. On peut objecter, il est vrai, que leurs services ainsi limités auraient été d'utilité fort contestable, alors qu'il existait déjà un enseignement officiel agricole et peut-être aussi, à cette époque, quelques stations officielles d'analyses. Mais ce serait mal comprendre le rôle de l'enseignement officiel. Tout d'abord, en 1884, cet enseignement n'existait qu'à l'état embryonnaire en dehors des écoles d'agriculture, et de longues années se seraient écoulées avant qu'on l'eût organisé pour rendre, dans toutes les régions agricoles, les services attendus de lui en pareille matière. Aujourd'hui même, où les professeurs d'agriculture (départementaux, d'arrondissement ou spéciaux) sont fort nombreux, les agriculteurs préfèrent souvent adresser leurs demandes de renseignements au syndicat qu'à leur professeur. Ils ont doublement tort, d'abord parce que leur méfiance irraisonnée vis-à-vis de tout enseignement d'aspect scientifique s'évanouit dès qu'ils attendent un conseil d'un syndicat composé d'agriculteurs comme eux...., mais auquel le professeur d'agriculture apporte toujours son concours dévoué et désintéressé. D'ailleurs, la fonction des professeurs de l'Etat est autre: ils doivent tout d'abord répandre le plus possible les connaissances indispensables à l'exploitation du sol dans leur région, conseiller dans leur culture les agriculteurs qui s'adressent à eux, puis, lorsque le syndicat n'est pas trop rebelle ou distrait par des préoccupations étrangères, diriger son activité dans le sens qui leur paraît répondre le mieux aux besoins de l'agriculture de leur région. Des stations officielles d'analyses auraient pu, sans doute, remplacer les syndicats pour le contrôle des matières fertilisantes achetées au commerce, mais cela n'eût été possible qu'en instituant autant de stations d'analyses qu'il y a de syndicats, et le nombre de ces derniers s'élève aujourd'hui à 1.500 environ. Le concours pécuniaire de l'État s'imposait donc pour ces nombreuses créations; il était plus logique que les agriculteurs organisent, comme ils l'ont fait, les institutions dont ils attendaient des bénéfices certains.

Par contre, l'organisation d'un service spécial d'achats en commun dans le syndicat ne nous paraissait pas indispensable. Les syndicats seraient restés dans la légalité et auraient réalisé les mêmes avantages au profit des agriculteurs, en constituant auprès d'eux une société coopérative chargée de faire elle-même les achats : un certain nombre d'entre eux l'ont fait par la suite et évité des poursuites qu'ils pouvaient craindre, mais qui ne se sont pas produites. Donc, ces derniers eurent tort, car, lorsque les autres syndicats, ceux encore qui furent constitués par la suite, se rendirent compte des avantages réalisés au profit de leurs membres par cette pratique qui amena une baisse énorme des prix, ils pensèrent qu'ils seraient par trop naïfs de ne point profiter de l'aubaine de la loi de 1884 qui leur concédait, selon toutes apparences, — la bienveillance de l'administration et des parquets ne le démontrait-elle pas assez ? — le privilège d'accomplir toutes opérations d'achat et de vente sans être soumis à l'accomplissement d'aucune autre formalité que celles, toutes gratuites, imposées pour la constitution des syndicats professionnels.

Aussi ne devons-nous point nous étonner de la progression sans cesse croissante du nombre des syndicats agricoles. D'après l'*Annuaire des Syndicats professionnels* publié par la Direction du travail et de l'industrie au Ministère du Commerce, on comptait :

1er juillet 1895	1188 synd. agricoles,	avec	403.261	membres
— 1896	1275 —	—	423.492	—

Ces chiffres (1) étaient déjà au-dessous de la réalité, ils le sont bien davantage aujourd'hui : lors du concours entre les syndicats agricoles au Musée social, en 1897,

(1) *Bulletin de l'Office du Travail*, avril 1897, p. 249.

le rapporteur, M. le comte de Rocquigny (1), déclarait que 1676 syndicats avaient reçu la circulaire et le questionnaire du concours. M. Georges Maurin évalue le nombre des syndicats agricoles à 1700, groupant environ 600.000 agriculteurs.

Les achats en commun d'engrais avaient été la source première de bénéfices pour les agriculteurs syndiqués: enhardis par ce succès, les syndicats s'efforcèrent de perfectionner le mode des achats, puis de l'étendre à tous les objets nécessaires à l'exploitation du sol et même aux besoins personnels de l'agriculteur.

Le mode d'achat fut tout d'abord l'objet de leur sollicitude. A l'origine, le syndicat constituait une simple *Boîte aux lettres*, provoquant seulement en temps utile les commandes de ses adhérents qui devaient à ce moment consigner le prix (2); l'achat collectif réalisé, le syndicat répartissait les produits entre ses membres qui bénéficiaient de l'escompte fait par le négociant selon l'importance de leurs commandes. Ce mode d'achat fut bientôt et généralement abandonné: il répugnait, en effet, au caractère naturellement méfiant du paysan de verser le prix de sa commande avant la livraison, et d'autre part, le syndicat, ne pouvant traiter utilement qu'après réception de toutes les commandes, n'obtenait pas les rabais qu'il eût pu se faire consentir à un moment plus favorable.

Pour remédier à ces inconvénients, les syndicats puissants imaginèrent de se constituer eux-mêmes acheteurs

(1) Rocquigny (Cte de). *Le Mouvement syndical dans l'agriculture.* Paris, 1897.— Voir également: *Le Concours entre les syndicats agricoles au Musée social.* Paris, 1897.

(2) Parfois le syndicat se bornait à traiter seulement l'achat collectif avec le négociant auquel il remettait les commandes individuelles. C'était alors au négociant à poursuivre le paiement de chaque livraison.

directs du commerce de gros, pour leur propre compte, de constituer des approvisionnements où leurs adhérents viendraient puiser selon leurs besoins. Ce n'était pas un mauvais calcul : le syndicat pouvait dès lors effectuer ses achats au moment qu'il jugeait le plus propice, lorsque les cours étaient très bas, et ses adhérents bénéficiaient, le moment venu, des prix les moins élevés. Même en l'absence de contrôle, nombre d'agriculteurs non syndiqués bénéficiaient de ces prix en faisant leurs achats au syndicat par l'intermédiaire d'un parent ou d'un ami syndiqué. Ainsi le syndicat, centralisant les besoins d'un grand nombre d'agriculteurs syndiqués et non syndiqués, devenait un intermédiaire dangereusement puissant qui prenait une revanche de l'exploitation dont certains agriculteurs avaient été victimes de la part de quelques malhonnêtes industriels, en imposant des conditions cruelles à tous les commerçants obligés de les accepter pour éviter une ruine immédiate.

Conscients de leur puissance, les syndicats agricoles furent rapidement amenés à en abuser, et cela apparaît notamment dans leur mode de traiter avec le commerce désormais à leur discrétion : nous ne pouvons songer à retracer leurs différents modes d'achat, tous très ingénieux, et nous nous bornerons à emprunter à M. de Rocquigny la description de la combinaison qui fait le plus honneur à l'esprit de justice et d'union sociale dont se font gloire les syndicats agricoles. Disons tout de suite que très souvent les syndicats traitent les achats avec leurs fournisseurs par adjudication. « La condition la plus dure, c'est que, dans un grand nombre de syndicats, on met en adjudication non pas des quantités à livrer, mais seulement des prix pour les diverses catégories de matières fertilisantes. Comme les adjudications se font souvent plusieurs mois avant l'époque où les cultivateurs doivent employer les engrais et qu'il est très difficile de les décider à préciser leurs besoins d'avance, les bureaux des syndicats ont profité de la concurrence qu'ils ont su créer dans le commerce pour obtenir de lui l'engagement ferme de livrer à prix déterminés, sur la seule indication, faite sans garantie, des quantités de marchandises demandées par les syndiqués l'année précédente. Ainsi est déclaré adjudicataire le négociant qui a offert les plus bas prix : il est facile de comprendre qu'il est réellement seul engagé, et engagé dans des conditions qui ne lui permettent pas de se couvrir de ses risques. Le syndicat prend bien, il est vrai, l'engagement, au moins moral, de lui passer toutes les commandes qu'il reçoit, mais les syndiqués n'ont contracté aucun engagement personnel et demeurent toujours libres de se pourvoir ailleurs, en dehors de leur syndicat....

».... Cela posé, si, dans l'intervalle de l'adjudication à l'époque de la livraison, la marchandise a baissé de prix, l'adjudicataire ne recevra que peu ou point de commandes et ne tirera aucun bénéfice de son contrat ; si, au contraire, il y a eu de la hausse, le syndicat transmettra des commandes en foule et le fournisseur, obligé de livrer, perdra sans doute de l'argent : car, son engagement étant indéterminé, il n'aura pu, sans imprudence, pratiquer les approvisionnements qui lui auraient été nécessaires au moment même où il l'a souscrit » (1).

Si l'on veut bien réfléchir que, dans la sphère d'action de chaque syndicat, ce mode de procéder est employé vis-à-vis de tous les fournisseurs de l'agriculture, et ils sont

(1) Rocquigny (Cte de). *Les Syndicats agricoles et le socialisme agraire.* Paris, 1893.

nombreux en un temps où les syndicats livrent les moindres choses nécessaires à l'exploitation du sol (machines, outils, engrais, semences, etc...), même les denrées et les marchandises destinées aux besoins du ménage ou aux besoins personnels de l'agriculteur, on peut aisément se rendre compte de la situation déplorable faite au commerce et à l'industrie de notre pays.

Mieux que tout raisonnement, les bénéfices considérables que les agriculteurs réalisèrent ainsi leur firent comprendre les avantages de l'association. Aussi conçurent-ils bientôt l'idée d'en obtenir de plus grands encore en reliant entre eux les syndicats ; il leur semblait, avec raison, que des groupements puissants de syndicats, s'étendant sur un ou plusieurs départements, devaient, mieux encore que tout syndicat, si important fût-il, renverser les obstacles et vaincre les dernières résistances de leurs adversaires. Ce fut là, nous le verrons dans la deuxième partie de cette étude, une des causes de la formation et du développement si remarquable des diverses Unions agricoles. Aussi, dès leur constitution, le premier soin de ces Unions fut de créer à côté d'elles soit un syndicat central, soit une société coopérative qui devait accomplir pour le compte de l'Union toutes les opérations nécessaires aux syndicats affiliés. Ces opérations représentent un chiffre d'affaires très considérable, tel qu'on se l'imagine peu. Pour ne citer que quelques exemples, l'Union de l'Ouest, dont le siège est à Angers, a traité l'année de sa fondation, en 1896, pour 1.400.000 fr. d'affaires ; à la même époque, le chiffre d'affaires annuel de l'Union du Sud-Est, à Lyon, atteignait 1.200.000 fr. M. de Rocquigny évalue à cent millions par an le chiffre total des achats effectués par les syndicats agricoles.

La suppression des intermédiaires, que les syndicats

avaient poursuivie avec un succès trop évident par la centralisation des commandes individuelles et l'achat en bloc par le syndicat à l'industrie ou au commerce de gros, devait donner des avantages identiques dans la vente directe des produits agricoles au consommateur. Rien ne semblait plus facile, et cependant, là plus que dans toute autre de leurs entreprises, les syndicats agricoles ont subi des déboires, malgré tous leurs efforts et leurs tentatives diverses pour obtenir un résultat favorable. Les uns après les autres, les syndicats ont étudié cette question de la vente directe des récoltes de leurs adhérents au consommateur, en supprimant le commerçant qui avait le tort d'acheter le meilleur marché possible pour revendre un peu plus cher au consommateur. Des divers systèmes mis à l'essai par les syndicats, nous n'en connaissons pas qui aient donné de résultats tellement probants que les syndicats pussent aussitôt l'adopter généralement; les réussites partielles sont dues à des situations exceptionnelles.

Le but poursuivi dans l'organisation des ventes directes des récoltes au consommateur par les syndicats était de remédier à la fois à la *mévente de certains produits* et à la *baisse des cours*. Les commerçants étaient encore les grands coupables, car, par leurs falsifications éhontées, disait-on, ils étaient parvenus à fausser le goût d'une grande partie de la clientèle des consommateurs, à favoriser ainsi, par exemple, la consommation des vins artificiels de raisins secs au détriment de celle des vins naturels de raisins frais. Et ce n'est pas tout : les agriculteurs se plaignaient amèrement des prix peu élevés qui étaient payés à la propriété par le commerce, alors que les prix d'autrefois à la consommation étaient restés sensiblement les mêmes. Par la pratique des ventes directes, les syndicats espéraient redresser le goût des consommateurs en les amenant à s'approvisionner directement chez eux, leur faisant espérer que la prime, jusqu'alors prélevée par le commerce, serait partagée en parts égales entre le consommateur et le producteur. Ce n'étaient là que belles paroles ; en réalité, les syndicats agricoles cherchèrent uniquement, en se substituant au commerce, à maintenir pour le seul profit des producteurs les prix déjà établis auxquels était habitué le consommateur. Du reste, les ventes directes par les syndicats n'ont, en général, pas abouti, elles n'ont nullement modifié la situation antérieure, et les seuls relèvements de prix qui se soient produits au cours de ces dernières années ont été causés plus ou moins directement par l'établissement de droits de douane énormes à l'entrée des produits agricoles similaires étrangers : nous verrons, dans notre chapitre relatif à la formation probable d'ententes agricoles, que les causes de cet échec à peu près général des syndicats peuvent disparaître et l'organisation des ventes directes à la consommation être très facilitée grâce à la multiplication des associations agricoles et à l'établissement *d'Ententes* en vue de l'écoulement régulier des produits du sol.

Pour attirer à eux directement la clientèle des consommateurs, il n'est d'accusations que les agriculteurs n'aient formulées contre les commerçants : ceux-ci ont été représentés indistinctement comme de malhonnêtes gens, achetant à vil prix des denrées saines et les revendant avec une majoration énorme après les avoir manipulées, transformées, falsifiées. La santé publique n'eut jamais plus ardent défenseur ! Ils ont dénoncé avec acharnement les crimes du commerce et provoqué des lois sur les falsifications des denrées alimentaires, auxquelles nous applaudissons de tout cœur en ce qu'elles tendent à punir les manœuvres malhonnêtes de certains industriels, commerçants... ou agriculteurs (1). C'est qu'en effet il en est des agriculteurs comme des commerçants : à côté des honnêtes il en est qui ne le sont pas, et ces lois s'appliqueront aussi bien à tous. Il nous souvient parfaitement, et nous ne craignons pas d'être démenti, qu'à l'époque peu lointaine où des droits de douane prohibitifs n'empêchaient pas la la fabrication des vins de raisins secs en France, les fabriques de Bercy, tant honnies des viticulteurs, n'étaient pas seules à livrer cette sorte de vins à la consommation nationale, et que nos régions essentiellement viticoles en produisaient une quantité assez grande. Nombre de propriétaires viticulteurs avaient trouvé ce procédé commode de doubler rapidement leur récolte vendue à la clientèle bourgeoise, et ces propriétaires étaient parfaitement connus dans les diverses localités.

Les tentatives des syndicats en matière d'organisation des ventes directes ont été nombreuses et bien différentes. Tantôt les syndicats ont servi seulement d'indicateurs entre acheteurs et vendeurs, se bornant à mettre gratuitement les parties en présence (2); tantôt le syndicat s'adressait au public, cherchait à se former une clientèle pour l'écoulement des vins des récoltes de ses adhérents, créait des dépôts dans de grands centres,

---

(1) « Quand on songe que ces mêmes propriétaires ne cessent de réclamer le droit de mettre dans leur vin du plâtre, du sucre et de l'eau-de-vie, sans compter l'eau pour laquelle il n'est pas besoin d'autorisation, et qu'ils ne cessent de protester contre les laboratoires municipaux, on ne peut s'empêcher d'admirer de tels scrupules ! » Ch. Gide. *Revue d'économie politique*, 1889, p. 74-75.

(2) Le Syndicat du Calvados, dont le siège est à Caen, se propose seulement de mettre en rapports acheteurs et vendeurs, sans prélever jamais le moindre droit de commission. *Bulletin du Syndicat agricole du Calvados*, février 1892.

établissait des représentants pour la vente à la clientèle bourgeoise, etc..., instituait ainsi, en un mot, toute une organisation commerciale (1); tantôt encore le syndicat remplaçait l'intermédiaire qu'il supprimait par un nouvel intermédiaire, société coopérative de vente recrutée dans son sein, ou courtier, se rendant compte que cet intermédiaire tant décrié avait un rôle utile dans notre société et qu'on ne pouvait guère se passer de ses services.

Les syndicats ont aussi tenté de pratiquer un système de ventes qui devait *a priori* ne donner que d'heureux résultats à raison des grandes quantités de produits écoulés en bloc, nous voulons parler de leur participation aux adjudications des diverses administrations publiques (armée, marine, hôpitaux, etc...). Mais, outre les difficultés d'ordre intérieur tenant à la mise en commun des récoltes individuelles pour créer des types de produits uniformes et aussi aux prétentions rivales des propriétaires syndiqués, les syndicats agricoles se heurtèrent à deux obstacles : d'abord, les quantités à soumissionner étaient souvent trop considérables et il eût fallu, pour pouvoir se présenter à l'adjudication, l'accord de plusieurs syndicats ; ensuite, et c'est la raison qui doit nous dispenser de plus longs développements, le fait de la part d'un syndicat de participer à une adjudication constitue un acte de commerce, et les actes de cette nature lui

---

(1) Le nombre des syndicats agricoles vendant directement au public les récoltes de leurs adhérents est considérable. Nous citerons entre autres, dans le département de l'Hérault, les syndicats de Montagnac, Gignac, Saint-Georges-d'Orques, Villeveyrac, Malrives, etc... Voir à ce sujet le remarquable rapport de M. de Rocquigny, publié par l'Office du Travail : *La Coopération de production dans l'agriculture*, Paris, 1896.

sont interdits. Telle est l'opinion générale de la doctrine et de la jurisprudence (1).

Le but poursuivi par les syndicats, avons-nous dit, est la suppression d'intermédiaires et le partage entre les parties (producteur et consommateur) du bénéfice de cette suppression. Mais ceci est la théorie: dans la pratique, les agriculteurs ont cherché à conserver par devers eux la plus-value entière que percevait le commerçant sur le consommateur, et c'est en grande partie à cette cause qu'il faut attribuer les échecs de ventes directes des syndicats, notamment dans leurs rapports avec les sociétés coopératives de consommation. A l'appui de notre opinion, nous apporterons le témoignage, nullement suspect, de M. Chiousse, président de la Fédération des Sociétés coopératives de consommation des employés du P.-L.-M. Le fait rapporté est d'autant plus significatif que l'on sait les efforts tentés par les syndicats agricoles auprès des sociétés coopératives de consommation qui paraîtraient, en effet, devoir être leurs premiers et meilleurs clients. « En novembre 1896, la société à laquelle M. Chiousse appartient a, suivant l'usage, passé des traités pour ses approvisionnements de vins, et, afin de favoriser la production agricole, elle a fait appel au concours d'une association de viticulteurs. Les prix fixés par cette dernière ayant paru très élevés, on s'est adressé au courtier habituel, qui a pu procurer à la société, pour 19 fr. l'hectolitre, des vins exactement semblables, au moins pour l'examen superficiel, à ceux dont les viticulteurs demandaient 23 fr. 50 » (2). Ceci

(1) Dalloz, alphabétique, Supplément. V°. *Actes de commerce* n°s 198 et suivants.

(2) Mabilleau. Le Mouvement agraire. *Revue de Paris*, 1er juillet 1897.

nous paraît incompréhensible après les déclamations des apôtres des syndicats agricoles. Où donc est le partage entre le producteur et le consommateur du bénéfice prélevé indûment par le commerçant? (1). Le narrateur s'empresse d'ajouter, avec une bonne foi évidente, que les vins achetés au courtier étaient exactement semblables *au moins pour l'examen superficiel;* mais ce n'est pas M. Chiousse qui a écrit ces lignes, et nous savons trop avec quelle prudence louable les administrateurs des sociétés coopératives opèrent leurs achats pour penser que M. Chiousse a pu, seulement après un examen superficiel, traiter pour les approvisionnements si considérables de la Fédération des employés du P.-L.-M.

Au reste, les insuccès des syndicats tiennent aussi en partie à leur incompétence commerciale notoire et à la folie du but poursuivi. Le commerce est une bien ancienne institution, et s'il n'avait eu d'autre rôle que de prélever, sans utilité pour personne, une certaine somme sur le prix des marchandises, il eût bien vite cessé d'exister. L'utilité du commerce est grande même pour les agriculteurs. Ce qui importe au producteur comme au consommateur, c'est la stabilité des prix, et le rôle du commerce est de protéger autant que possible les prix de variations possibles tenant à nombre de causes, dont les principales, en ce qui concerne les produits agricoles, sont l'abondance ou la disette des récoltes. Il n'est pas, dans un pays, d'années successives où les récoltes soient

(1) Un auteur, très sympathique aux syndicats agricoles, M. F. Bernard, dit: «Le producteur cherche à récupérer pour lui la plus-value entière que perçoivent les intermédiaires sur la consommation». *Les Systèmes de culture.* Montpellier, C. Coulet, 1898.

sensiblement pareilles : de là des variations de prix qui peuvent être considérables et qui nuisent à tous. Le commerce pare à ce danger toujours menaçant en servant de *réservoir-compensateur*, de telle sorte que lorsque les récoltes sont peu abondantes, grâce aux approvisionnements existants dans les magasins du commerce, les prix n'atteignent pas les prix rêvés par les propriétaires-agriculteurs, ne s'élèvent pas trop et restent sensiblement les mêmes pour le plus grand profit du consommateur. Et le même fait se reproduit en sens inverse lorsque les récoltes sont très abondantes, de telle sorte que l'amplitude des oscillations extrêmes des prix dans les diverses années est de peu d'importance.

Mais l'espoir secret des chefs du mouvement syndical est d'arriver à la constitution d'une grande Union agricole nationale capable d'imposer ses prix à la vente comme elle le fait déjà pour ses achats. Tandis que les agriculteurs proclament bien haut leur désir de faire bénéficier le consommateur des avantages dus à la suppression du commerce, nous les voyons, constitués déjà en syndicats ou sociétés coopératives agricoles, s'unir en Unions régionales les solidarisant davantage, puis le réseau de ces Unions régionales une fois complet se fondre en une Union nationale grande directrice de tout le mouvement économique agricole. Ces groupements bien constitués, complétés par leurs innombrables auxiliaires, sociétés coopératives, caisses de crédit, de secours mutuels, de retraites, de magasins généraux warrantant les récoltes et permettant au producteur d'attendre patiemment la vente définitive, etc., pourront alors, obéissant au mot d'ordre de l'Union nationale, imposer des prix à la consommation (1).

(1) Voir chapitre relatif aux Ententes agricoles.

De la légalité des achats et des ventes traités par les syndicats agricoles

Il semble étrange que, quatorze ans après le vote de la loi de 1884, alors que, durant cette longue série d'années, les syndicats ont étendu leur compétence commerciale à toutes les choses nécessaires à l'exploitation du sol et aux besoins personnels de l'agriculteur, l'on puisse douter encore de la légalité de leurs opérations d'achat et de vente. Mais ce qui nous paraît plus étrange encore, c'est que pendant aussi longtemps on ait pu fermer les yeux sur une violation continue de la loi par les syndicats agricoles et rester sourd aux plaintes du commerce. Nous n'estimons pas que les empiétements des associations rurales tolérées par l'État puissent constituer des positions conquises ; la loi ne doit jamais céder devant personne, devant une coalition, pas même devant une coalition d'agriculteurs, et c'est la loi que nous invoquerons pour combattre de toutes nos forces les prétentions de l'agriculture. M. Genin (1), auteur d'une étude fort intéressante sur les associations agricoles, reconnaît que leurs opérations commerciales sont très difficiles à justifier légalement, mais il souhaite qu'une nouvelle loi intervienne pour légitimer les actes jusqu'à maintenant accomplis par les syndicats en fraude de la loi. Nous ne retiendrons que l'aveu de l'illégalité des opérations des syndicats, dont M. Genin est pourtant un défenseur, nous réservant de démontrer qu'une loi autorisant ces opérations est superflue dans la législation actuelle.

(1) Genin. *Les Associations agricoles dans l'ancienne France et sous le régime de la loi de 1884*. Lyon, 1893.

Les protestations du commerce ne se produisirent pas dès l'origine parce que le préjudice causé ne fut pas tout d'abord sensible: ce n'est qu'après quelques années, lorsque, le nombre des syndicats agricoles s'accroissant indéfiniment, leurs pratiques furent généralisées au grand dommage du commerce, que les protestations commencèrent à s'élever. Les syndicats cherchèrent alors à se justifier en accusant le commerce d'exploiter la naïveté rurale, de prélever des majorations énormes sur la valeur des marchandises destinées à l'agriculture en échange d'un service de peu d'importance, de si petite importance qu'ils pensaient le supprimer sans inconvénient... pour eux. Le moment n'est pas encore venu de répondre à ces accusations et de démontrer l'utilité réelle, l'importance sociale de la classe des petits commerçants, nous reviendrons sur ce point dans le chapitre que nous consacrerons aux sociétés coopératives rurales. Alors même que les doléances des agriculteurs eussent été fondées, il ne leur appartenait pas de se faire justice eux-mêmes et de violer la loi en s'instituant commerçants, aux lieu et place des intermédiaires par eux dépouillés, sous le couvert d'établissements protégés comme d'utilité publique par le législateur (1).

En juin 1888, aux protestations du commerce contre les agissements des syndicats agricoles, le Ministre du commerce et de l'industrie répondait au Président de la Chambre de commerce de Paris : «Il paraît établi que les diverses associations qui ont motivé les réclamations parvenues à mon administration se sont bornées à créer des offices pour l'achat de matières premières ou des

(1) R. Gonnard. Caractères généraux de la loi de 1884 sur les syndicats professionnels, 1898. *Annales de l'Université de Lyon*, fasc. XXXVI.

machines utiles à l'agriculture, de manière à les obtenir au meilleur marché ou de meilleure qualité au profit de leurs membres ; que ces associations sont administrées gratuitement et n'ont retiré aucun bénéfice de leur entremise.... et que si parfois elles ont majoré, dans une faible mesure, le prix d'acquisition des produits, rien ne permet d'affirmer que cette majoration ait eu d'autre but que de couvrir leurs frais de gestion. Elles auraient agi, par conséquent, d'une manière désintéressée». De nombreux auteurs, parmi lesquels M. Boullaire (1), approuvèrent le ministre, rappelant les termes de la circulaire de M. Waldeck-Rousseau qui constatait l'impossibilité de préciser à l'avance toutes les difficultés et exprimait l'avis que ces difficultés devaient toujours être tranchées dans le sens le plus favorable à la liberté. Pour grande que soit notre considération pour la compétence de M. Waldeck-Rousseau, nous ne pensons pas qu'au mois de mai 1884, il ait pu prévoir les développements tout à fait inattendus de l'action syndicale agricole : nous sommes en cela d'accord avec un professeur d'économie rurale justement estimé, M. Convert (2), qui estime que les termes de la Circulaire ministérielle ne visent pas les opérations ordinaires des syndicats agricoles.

D'ailleurs, a-t-on dit, les syndicats n'ont pas à s'inquiéter des doléances commerciales. Dans aucun cas, que l'on prenne l'hypothèse de l'achat ou de la vente par les syndicats, ceux-ci ne font d'acte de commerce. Comment, dès lors, prétendre raisonnablement que leurs agissements constituent une concurrence déloyale !

Il est, en effet, souvent difficile d'assigner un carac-

(1) Boullaire. *Op. cit.*
(2) Convert. *Les Entreprises agricoles.* Montpellier, C. Coulet, 1890.

tère commercial à l'opération exécutée par le syndicat : ainsi, par exemple, lorsque ce dernier, fidèle à sa pratique primitive, groupe seulement les commandes individuelles en vue d'un achat collectif qu'il répartit ensuite selon les ordres reçus de ses adhérents, constitue en quelque sorte une simple *Boîte aux lettres* interposée entre l'acheteur et le vendeur. La loi répute acte de commerce : «Tout achat de denrées ou marchandises pour les revendre soit en nature, soit après les avoir travaillées et mises en œuvre, ou même pour en louer simplement l'usage». Aucun de ces caractères ne se trouve dans l'hypothèse précédente. Mais lorsque, au contraire, on considère les approvisionnements constitués par la grande majorité des syndicats, de leur propre initiative, en l'absence de tout ordre individuel des adhérents, dans leurs magasins où les syndiqués viennent acheter les denrées ou marchandises nécessaires à leur exploitation ou aux besoins de leur famille (1), il est bien difficile de persister à nier la commercialité de semblables opérations (2). Peut-on nier encore qu'il ait là achat pour revendre ? Soutiendra-t-on que le syndicat a constitué des approvisionnements pour lui-même, pour ses propres besoins ? Les besoins du syndicat sont-ils ceux de ses adhérents ? Celà ne saurait se soutenir, parce que le syndicat constitue une personne

(1) De nombreux syndicats, ceux de Rodez, La Motte-du-Caire, etc., fournissent à leurs adhérents toutes les denrées nécessaires au ménage, telles que huile, vin, savon, pétrole, légumes, etc.... Ils font ainsi une désastreuse concurrence aux commerçants locaux.

D'autre part, il est difficile d'évaluer cette concurrence, parce qu'il est de notoriété publique que les syndiqués font des achats pour des parents ou amis non syndiqués. Le syndicat est dès lors un commerçant ordinaire.

(2) « L'achat par l'entremise des syndicats a rendu de grands services, mais cette pratique n'est qu'une tolérance coupable de l'Administration et des parquets». Gain. *Les Syndicats professionnels agricoles.* Paris, 1891.

juridique parfaitement distincte de ses membres, ayant un patrimoine particulier, capable de s'obliger, etc.... C'est ainsi qu'un syndicat acceptant la facture du fournisseur, industriel ou commerçant, qui lui a cédé une certaine quantité de marchandises, et reconnaissant par là que le fournisseur a le droit de fournir traite pour le paiement et de recourir pour le non-paiement à la juridiction consulaire, accomplit un acte de commerce (1).

Certains auteurs ont excipé de ce que le syndicat, dans ses reventes à ses membres, majorait les prix réels seulement de 2 à 2 1/2 o/o destinés à couvrir les frais généraux pour soutenir que leurs actes n'étaient pas commerciaux (2). La loi a-t-elle donc édicté, en quelqu'une de ses dispositions, que la commercialité de l'acte tenait au bénéfice qu'il pouvait procurer à son auteur? Combien de fois n'arrive-t-il pas à un commerçant d'acheter et de revendre immédiatement à perte pour éviter une baisse du prix qu'il suppose devoir être plus considérable par la suite? Son opération reste pourtant commerciale, quoiqu'il n'ait rien gagné, qu'il ait même perdu en l'exé-

---

(1) Jugement du Tribunal de commerce de Rodez, 2 février 1897. *Journal de jurisprudence commerciale et maritime*, LXXV, 1897, p. 131.

(2) «....Attendu que la loi de 1884 est journellement violée par les syndicats agricoles qui achètent des marchandises de toutes sortes pour les revendre avec des bénéfices souvent supérieurs à ceux du commerce ; attendu que ces syndicats font au commerce local une concurrence d'autant plus grande qu'ils n'ont à payer ni patente, ni impôts, tandis que les commerçants, en dehors de la patente et des autres impôts de commerce, ont des frais plus élevés de loyer, de manutention, des charges de famille que n'ont pas les syndicats; attendu qu'il résulte du prix-courant imprimé du Syndicat des agriculteurs du Maine pour l'automne 1893 qu'ils sont suffisamment majorés pour constituer un bénéfice dont se contenteraient beaucoup de commerçants;....» Jugement du Trib. de com. du Mans, confirmé (29 décembre 1894) par la Cour d'appel d'Angers. S., 1895, 2. 80.

Voir également: Saint-Nazaire, 16 juin 1894. S. 2. 314. — Riom, 18 mars 1897. *Revue pratique de droit industriel*, 1897, page 152.

cutant. Cet argument n'a aucune valeur juridique : en aurait-il une que nous le démontrerions mal fondé en l'espèce.

Ces majorations, en effet, que les syndicats, pour éviter toute parenté avec le commerce, évitent soigneusement de qualifier de leur nom propre, remises ou commissions, qu'ils appellent *redevances* (1), mot qui n'est pas d'emploi commercial, ces majorations sont en réalité bien plus considérables qu'on ne veut bien le dire et s'élèvent généralement à 5 o/o. N'existe-t-il pas nombre de grands magasins fondés sur le principe du bon marché qui ne prélèvent qu'une toute petite majoration sur le prix réel de leurs marchandises et font cependant des bénéfices considérables grâce à l'écoulement énorme des objets ainsi offerts au public. En résulte-t-il que les opérations de ces grands magasins aient un caractère commercial moins accentué que celles de tel autre débitant prélevant une commission plus élevée ?

Il n'est donc pas douteux que les syndicats agricoles accomplissent des actes de commerce. Aussi, en décembre 1896, le Directeur général des Contributions directes, justement ému des réclamations du commerce, émit-il, lors de la réunion de la Commission de la patente, la prétention de soumettre tous les syndicats agricoles à cet impôt, exposant que, outre la concurrence déloyale qu'ils font au petit commerce et dont celui-ci est en droit de se plaindre, les syndicats portent préjudice au Trésor auquel ils ne paient pas la redevance qui lui est due.

---

(1) Un propriétaire-viticulteur, en la parole duquel nous avons toute confiance, nous disait avoir écoulé une partie de sa récolte par l'intermédiaire du Syndicat central des agriculteurs de France qui avait prélevé une *redevance* de 5 p. 100 sur le prix de vente. Nous sommes loin, on le voit, de ces majorations si minimes de 1/2 p. 100 à 1 p. 100, destinées seulement à couvrir les frais généraux !

En certaines contrées, les abus des syndicats agricoles exaspérèrent tellement le commerce local que, sur ses réclamations réitérées, le fisc dut intervenir et soumit à la patente le syndicat : c'est ce qui se produisit dans l'arrondissement de Sisteron pour le Syndicat de La-Motte-du-Caire. De l'enquête à laquelle se livra le fisc, on acquit la certitude que le syndicat vendait à n'importe quel acheteur, et cela n'est malheureusement pas un fait isolé. Voici du reste la description de ce syndicat, d'après le rapport du contrôleur des Finances chargé de l'enquête, rapport lu à la Chambre des députés par M. Méline. Nous ne pensons pas que, dans ce cas, l'on puisse soupçonner de partialité M. Méline. « Le syndicat agricole occupe deux magasins assez vastes situés sur la route départementale. Dans l'un, on a entreposé un certain nombre de sacs d'engrais, de graines ou de légumes secs ; l'autre présente l'aspect d'un magasin ordinaire d'épicerie. A travers la vitrine on aperçoit divers objets destinés à attirer le client : sur la vitrine même de la porte d'entrée on a collé un papier portant en gros caractères le prix de diverses denrées, comme bougies, savon, huile, pétrole » (1).

M. le comte d'Hugues, député de Sisteron, interpella le Ministre de l'agriculture, M. Méline, pour protester contre l'imposition de la patente à ce syndicat. Ce fut, en effet, une erreur de l'administration que d'admettre l'application de l'impôt de la patente aux syndicats professionnels. Mais hâtons-nous de dire que les raisons qui nous font adopter cette solution ne sont pas celles de M. le comte d'Hugues.

---

(1) *Journal Officiel*. Chambre des députés. Déb. parl., 19 décembre 1897, p. 3023.

Nous ne saurions trop répéter que le législateur, en élevant les syndicats professionnels au rang des établissements d'utilité publique, n'a nullement entendu conférer cette qualité et ses avantages inhérents à des sociétés de spéculateurs quelles qu'elles soient. Or, admettre les syndicats à la patente, c'est reconnaître implicitement que les syndicats peuvent constituer des sociétés commerciales, des sociétés de spéculation protégées par la loi, ce qui est contraire à la vérité et à la justice. Parce que le Syndicat de La-Motte-du-Caire est imposé et désormais commerçant patentable, cessera-t-il de faire une concurrence injuste au commerce local? Sa constitution entre agriculteurs-commerçants en aura-t-elle été entravée par les charges fiscales et les formalités onéreuses obligatoires pour la formation de toute société de commerce ou même de toute société à capital variable soumise à la loi de 1867? Et cependant le but des syndicataires aura été et sera encore le même : il leur aura suffi de déposer, à la mairie de leur localité, des statuts quelconques et le nom d'un directeur, sans qu'il en coûte rien à chacun d'eux, pour qu'ils aient la possibilité de faire concurrence aux autres commerçants!

Quelle est donc la sanction applicable dans cette espèce, à défaut de l'application de l'impôt de la patente? Cette sanction découle très clairement de la Circulaire de M. Thévenet (1) aux procureurs généraux, déclarant formellement que la loi de 1884 n'autorise pas la constitution, sous la forme syndicale, d'associations professionnelles ayant en vue des opérations commerciales. L'article 9 de cette loi édicte les pénalités : l'amende de 16 à

---

(1) Voir note, page 13.

200 fr. et, à la diligence du procureur de la République, la dissolution du syndicat fonctionnant en violation de la loi.

Cette solution doit être généralisée et appliquée, que l'on admette ou non la nature commerciale de leurs opérations, dans tous les cas où les syndicats agricoles, méconnaissant le caractère d'utilité publique qui leur a été conféré par la loi, se transforment en simples intermédiaires, fournisseurs directs de leurs adhérents. C'est, du reste, nous le disons sans ironie aucune, le service le plus précieux que l'on puisse rendre aux syndicats qui, dans leur préoccupation constante des bénéfices pécuniaires, oublient complètement l'importance de leur rôle économique et social véritable. « L'institution perd tous ses avantages moraux, on n'a plus en présence qu'une simple société de spéculation qui visera tôt ou tard, lorsqu'elle aura accumulé des capitaux, à se fermer de plus en plus. Le but de défense des intérêts collectifs, visé spécialement par la loi de 1884, disparaîtra peu à peu pour faire place à des sociétés commerciales ordinaires, d'autant plus égoïstes que leur patrimoine aura été mieux géré et que les réserves accumulées seront plus considérables » (1).

Alors même que l'opinion unanime nierait le caractère commercial des opérations d'achat et de vente par les syndicats et les assimilerait aux opérations des sociétés coopératives de consommation régies par la loi de 1867, que la doctrine et la jurisprudence ne considèrent pas généralement comme des sociétés commerciales, nous soutiendrons que la loi du 21 mars 1884 les interdit aux syndicats. En effet, l'article 6 de cette loi

(1) *Dictionnaire d'Économie politique* Léon Say et Chailley-Bert. *Mot :* Syndicats agricoles.

énumère les diverses institutions (caisses de secours mutuels et de retraites, offices de renseignements pour les offres et demandes de travail, etc.) que les syndicats peuvent créer *librement*, sans autorisation administrative et, ce faisant, les dispense des formalités et du régime de la législation spéciale à ces institutions. Mais on ne saurait étendre cette exemption exceptionnelle à la constitution de sociétés coopératives qui sont régies par une loi toujours en vigueur, dont les syndicats ne sont nullement autorisés à s'affranchir (1). C'est cependant ce qu'ont fait la plupart des syndicats, ceux qui n'ont pas institué à côté d'eux une société coopérative indépendante les débarrassant de tous soucis commerciaux et procurant à leurs adhérents les avantages qu'ils eussent offerts eux-mêmes. Quelle différence y a-t-il entre le fonctionnement illégal de ces syndicats et celui d'une société coopérative ordinaire, et pour quelle bonne raison les parquets ont-ils laissé pendant aussi longtemps les syndicats agricoles violer la loi de 1867 ? (2). Il ne s'agit plus maintenant du caractère commercial des opérations

---

(1) «A la question de savoir si les syndicats peuvent faire le commerce. il convient de répondre négativement, d'autant mieux qu'il est loisible aux syndicats *de constituer des sociétés de commerce qui seront leur création, mais dont la personnalité ne se confondra pas avec la leur* (argument tiré de la loi du 5 novembre 1894) ». Hauriou (M.). *Précis de droit administratif et de droit public général*. Paris. 1897, page 161.

(2) «Un syndicat professionnel qui se constituerait dans le but de faire le commerce, d'obtenir des bénéfices et d'enrichir ses adhérents, ou qui, sans écrire cette intention dans ses statuts, dirigerait dans ce sens l'ensemble de ses opérations, serait en réalité une société commerciale qui se serait constituée au mépris de la loi et qui aurait essayé de profiter subrepticement des faveurs spéciales réservées aux syndicats professionnels.

»Une telle association violerait évidemment la loi du 24 juillet 1867, et ses administrateurs tomberaient sous le coup des pénalités qu'elle a édictées.» Boullaire. *Op. cit.*

des syndicats, mais, si nous pouvons nous exprimer ainsi, de leur caractère coopératif, et nous demandons que, en l'absence de toute disposition spéciale en faveur des syndicats agricoles, ceux-ci soient soumis au droit commun (1).

L'intérêt de la question est peut-être restreint actuellement, car les sociétés coopératives, quelles qu'elles soient, jouissent d'un régime tout privilégié; mais nous espérons que la loi sur les sociétés coopératives, à l'étude depuis nombre d'années déjà et que les Chambres se renvoient de temps à autre toute démolie, verra enfin le jour et édictera la participation de ces sociétés, ou tout au moins d'un grand nombre d'entre elles, aux charges du commerce et de l'industrie (2).

D'ailleurs, même en l'état actuel, la constitution de ces sociétés est soumise à un certain nombre de formalités et au versement d'une certaine portion du capital social, ce qui constitue une garantie pour les tiers qui traitent avec ces sociétés. Vis-à-vis des syndicats, au contraire, les tiers ont pour garantie, dans bien des cas, la seule bonne foi du ou des administrateurs, les syndiqués n'ayant que très exceptionnellement admis l'engagement d'une responsabilité solidaire.

A un autre point de vue, le fonctionnement des socié-

---

(1) En ce sens: R. Gonnard. Caractères généraux de la loi de 1884 sur les syndicats professionnels. Justification de cette loi, 1898. *Annales de l'Université de Lyon*, fasc. XXXVI.

(2) Les abus des sociétés coopératives et le préjudice qu'elles causent autour d'elles au commerce et à l'industrie ont déterminé les groupements professionnels commerciaux et industriels (tel *l'Union commerciale et industrielle de Montpellier*) à insérer dans leur programme et à demander au législateur la révision de la loi sur les sociétés coopératives, en n'exemptant de la patente, par exemple, que celles de ces sociétés exclusivement composées de salariés dont la cote mobilière n'excède pas une somme à déterminer.

tés coopératives offre plus de facilités au contrôle du fisc ; ce dernier peut plus facilement les soumettre à la patente lorsqu'il est démontré qu'elles livrent des marchandises à d'autres qu'aux membres de la société.

En résumé, les syndicats professionnels doivent rester des établissements d'utilité publique, car tel est le caractère que la loi de 1884 leur a conféré, et ils ne sauraient aujourd'hui l'invoquer parce qu'ils sont devenus, de par leurs statuts et leur fonctionnement, des associations de spéculation ou, si l'on préfère, des sociétés commerciales. Lorsque l'administration surveille avec une attention incessante les agissements des syndicats industriels pour les réprimer dès qu'ils violent la loi, ce dont nous la louons, il est impossible de ne pas dénoncer avec indignation l'injustice qu'elle commet en feignant de ne pas voir, en approuvant même parfois, les opérations illégales des syndicats agricoles.

Aucune bonne raison ne peut être invoquée pour justifier une différence de traitement entre les divers syndicats professionnels, alors que la loi n'a établi aucune distinction. Nous croyons avoir suffisamment démontré qu'*en fait*, les syndicats agricoles constituaient de véritables sociétés coopératives entre leurs membres, admettant même à bénéficier de leurs opérations un grand nombre d'agriculteurs non syndiqués par l'intermédiaire de leurs propres adhérents, et qu'ainsi, sans accomplir aucune des formalités exigées par le législateur pour la constitution des associations coopératives, ils réalisaient à leur profit et au profit des propriétaires ruraux les avantages inhérents aux sociétés fondées sur le principe de la mutualité.

Serait-ce que la situation des agriculteurs syndiqués est si misérable qu'il faille leur accorder une législation concédant plus de faveurs encore que la loi de 1867? Nous ne devons pas oublier que la législation de 1867 sur les associations coopératives fut inspirée par le désir louable de venir en aide et de faciliter les conditions de l'existence aux ouvriers ; on voulait permettre aux ouvriers d'un même atelier, d'une usine, de se réunir pour acheter en commun les denrées et les marchandises indispensables au ménage et ainsi remédier aux difficultés matérielles de la vie pour les salariés qui pouvaient, par leur union, bénéficier des prix du gros, sans avoir à accomplir les formalités onéreuses édictées par la législation du droit commun sur les sociétés dont le coût eût été hors de proportion avec le but poursuivi. Eh bien, les associations ouvrières sont, aujourd'hui comme en 1867, soumises à la législation spéciale sur les sociétés coopératives de consommation. Pour digne d'intérêt que soit la profession de propriétaire-agriculteur, elle ne nous paraît pas plus misérable que celle de l'ouvrier, et rien ne justifie en leur faveur un régime plus privilégié que celui de la loi de 1867.

Il appartient donc à l'administration et aux parquets de veiller plus impartialement, dorénavant, à ce que les syndicats agricoles respectent la loi ; il n'est pas besoin de dispositions législatives nouvelles, les lois de 1884 et de 1867 sont suffisamment claires et précises pour qu'il soit aisé d'obliger les syndicats agricoles à rester dans la légalité.

CHAPITRE II

Le rôle social des syndicats agricoles

Les syndicats agricoles ont mal compris leur rôle et l'ont trop limité à la recherche de bénéfices immédiats pour les propriétaires syndiqués. — Du rôle vraiment beau que la loi assignait à leur activité et spécialement de leur *action sur le progrès de l'agriculture* et de *leur action sociale dans les campagnes.*

Les syndicats agricoles ouvriers. Leur nombre : les obstacles qui s'opposent à leur multiplication, d'ailleurs peu désirable.

L'interpellation de M. Jaurès sur la Crise agricole : les bienfaits sociaux des syndicats agricoles d'après M. Deschanel. — *Tableau des institutions créées par les syndicats agricoles.* — Résultats décevants constatés par le concours entre les syndicats agricoles institué en 1897 au Musée social. — Les sociétés de secours mutuels, les caisses de retraite, l'assistance, l'enseignement professionnel, les assurances agricoles, etc...

Nécessité de transformer les syndicats agricoles en syndicats réellement mixtes, seuls susceptibles de relever l'agriculture française et d'arrêter les progrès du socialisme agraire.

Les syndicats agricoles avaient une belle mission à accomplir en France ; rapidement nombreux et puissants, leurs efforts unis devaient tendre avant tout à faire progresser l'agriculture, à la mettre autant que possible en situation de lutter contre la concurrence de vastes pays nouvellement adonnés à l'exploitation du sol et la rendre ainsi prospère et forte à l'intérieur et vis-à-vis de l'étranger. Cette mission était délicate et complexe ; il fallait, en un temps où notre agriculture était restée très routinière et menaçait de sombrer sous la concurrence écrasante de territoires nouvellement défrichés et très fertiles, faire comprendre aux agriculteurs que, pour pouvoir lutter contre ces pays étrangers sur nos terres d'Europe appauvries par les récoltes de tant de siècles, les modes d'exploitation du temps passé devaient être abandonnés comme des instruments usés, que l'ère de l'agriculture scientifique commençait pour nos pays. Les résultats dus aux patientes recherches de nos savants indiquaient et facilitaient les moyens de transformer la culture, et ces découvertes, considérées jusqu'alors par les agriculteurs comme d'un intérêt restreint aux laboratoires et aux champs d'expériences, devaient les emplir d'étonnement par la constatation des bénéfices considérables que leur application permettait de réaliser. Les syndicats étaient mieux qualifiés que personne pour entreprendre avec succès cette campagne de vulgarisation. Composés des agriculteurs eux-mêmes, inspirant par là dans les villages et dans les campagnes une confiance plus grande que les professeurs des départements ou des écoles d'agriculture, toujours suspects à l'esprit méfiant du paysan, ces associations professionnelles pouvaient aider puissamment à répandre les nouvelles méthodes par la démonstration sur des champs d'expériences, à la vue de tous, des améliorations à réaliser dans l'exploitation du sol pour chaque culture (1).

D'autre part, les syndicats professionnels étaient aussi

---

(1) Les syndicats ont beaucoup aidé à propager l'emploi des engrais chimiques ; c'est l'entreprise à laquelle ils se sont dévoués le plus complètement, parce que, faisant aussi le commerce de ces engrais, elle fut pour eux la source de profits considérables. Malheureusement leur rôle fut trop limité, à quelques rares exceptions près, à cette campagne en faveur des nouveaux engrais.

tout désignés pour travailler à atténuer, à amoindrir ce danger, que l'on représente toujours grossissant, du dépeuplement des campagnes, en s'efforçant d'améliorer la condition si misérable des populations ouvrières rurales, de la mettre mieux en rapport avec le progrès et les besoins de la vie moderne: il fallait leur donner à nouveau l'amour de la terre, réveiller en elles l'*âme paysanne* et ainsi rendre plus indifférente à leurs regards la fascination des villes. La tâche n'était pas impossible; l'action des syndicats devait surtout s'exercer à l'école, où elle aurait plus facilement éveillé l'amour de la terre chez les jeunes paysans.

L'État ne peut prévoir tout et pourvoir à tout; ici, d'ailleurs, son intervention directe et obligatoire serait contestable, car il ne doit pas détourner, par un moyen quelconque, une partie de la population d'une industrie vers une autre. Il s'agit là d'une entreprise intéressant surtout les propriétaires-agriculteurs, les syndicats; c'est donc à eux qu'il appartient de solliciter de l'État la faculté de créer dans ses écoles un enseignement professionnel, puis d'y intéresser leurs jeunes élèves par l'institution de concours et l'attrait de récompenses.

Il fallait plus encore: l'ouvrier urbain dont le travail vient à cesser peut espérer trouver un autre emploi, tant est grande la diversité des métiers et le nombre de ceux qui n'exigent pas d'aptitudes spéciales ou de connaissances techniques. L'ouvrier rural, plus qu'aucun, est à la merci du chômage et de la misère s'il n'y a pas de travail aux champs; de toute nécessité, il faut qu'il ait du travail dans son village, et quel sombre avenir pour lui lorsque les forces l'abandonneront! Comment vivra-t-il? A ce point de vue encore, les grandes usines ou les mines exercent un attrait puissant sur les ouvriers des campagnes en leur assurant un meilleur salaire, des institutions de prévoyance au cas de maladie ou d'accident et l'espoir d'une retraite, la vieillesse venue. L'organisation du travail agricole s'imposait donc aux syndicats pour retenir l'ouvrier rural; il fallait seulement transporter dans les villages les institutions d'assistance urbaine et créer toute la série des œuvres et des institutions de placement des ouvriers, de secours mutuels, d'assistance médicale et peut-être aussi de retraites, qui enserrent le salarié dans un réseau d'aides et de secours où il se sent plus fort, moins isolé et moins abandonné, toutes institutions susceptibles de se développer aussi bien dans les campagnes pour la prospérité de l'agriculture.

Il est impossible d'énumérer les diverses entreprises laissées à l'initiative des syndicats pour intéresser les populations ouvrières rurales à leur œuvre, le relèvement de l'agriculture ; ce sont là les principales, celles aussi que la loi de 1884 indiquait, dans son article 6 (1), à l'activité des nouvelles associations professionnelles et que nous considérons comme un développement de l'objet assigné aux syndicats dans les articles 3 et 5.

La conception que les syndicats agricoles eurent de leur rôle fut mesquine, et, dès l'origine, ils limitèrent leur activité à un objet restreint d'utilité immédiate pour les propriétaires syndiqués, à l'organisation des services

---

(1) «..... Ils (les syndicats) pourront, sans autorisation, mais en se conformant aux autres dispositions de la loi, constituer entre leurs membres des caisses spéciales de secours mutuels et de retraites. Ils pourront librement créer et administrer des offices de renseignements pour les offres et demandes de travail. Ils pourront être consultés sur tous les différends et toutes les questions se rattachant à leur spécialité». (Art. 6).

d'achats en commun. Ce fut là notamment l'objet exclusif du Syndicat agricole de Montpellier (1), et nombreux sont les syndicats qui imitèrent cet exemple : la plupart des grands syndicats ne furent même fondés qu'en vue de cet objet limité. Pourquoi ne pas profiter de la situation tellement privilégiée que la loi de 1884, grâce à la complaisance de l'administration, faisait aux associations professionnelles agricoles par rapport aux sociétés coopératives ou aux sociétés commerciales ordinaires ? C'est ainsi que le *Syndicat central des agriculteurs de France*, que l'on cite souvent comme un modèle dans les publications relatives aux associations agricoles, n'emprunte rien à l'objet de la loi de 1884 et constitue une simple société commerciale agricole. M. le comte de Rocquigny nous écrivait (2) en effet : « Le Syndicat central des agriculteurs de France n'a pas d'*importance comme société économique* : c'est un *simple intermédiaire* » (3). Ne sommes-nous pas loin déjà de ces institutions d'utilité générale qui devaient revivifier l'agriculture française !

---

(1) Le Directeur du Syndicat agricole de Montpellier confirmait notre opinion. L'objet exclusif de ce syndicat a été de servir d'intermédiaire gratuit pour les achats des agriculteurs syndiqués. Jamais le Syndicat ne s'est occupé d'autres questions, laissant à la Société d'agriculture le soin de discuter les questions intéressant à un degré quelconque le progrès de l'agriculture.

(2) Lettre du 8 mars 1898.

(3) Nous avons déjà démontré que le Syndicat central prélevait des commissions assez élevées sur les affaires qu'il traitait, et nous en avons exprimé notre étonnement : les défenseurs des syndicats agricoles ne cessent de dire, en effet, que les commissions ainsi prélevées par les syndicats sont destinées à couvrir les frais généraux de leurs offices d'achats et de ventes et qu'elles varient entre 1/2 p. 100 et 1 et demi p. 100. Notre étonnement a cessé lorsque nous avons appris, de diverses personnes fort au courant du fonctionnement des syndicats agricoles, que ces commissions élevées servaient en partie à rémunérer largement les soins de certaines personnalités fort connues qui avaient organisé et dirigé ces associations

Pour se rendre compte du contraste frappant qui existe entre les syndicats agricoles actuels et les syndicats tels qu'ils devaient être selon le vœu du législateur, il faut étudier les statuts et le fonctionnement de quelques syndicats, dresser la statistique des associations professionnelles agricoles, le bilan de leurs œuvres, et conclure soi-même. Il faut surtout éviter de croire aveuglément à tous les bienfaits, à toutes les vertus, à l'heureuse révolution accomplie par les syndicats dans l'agriculture que l'on trouve exagérés et loués à l'envi dans les écrits évidemment sincères des chefs du mouvement syndical ; à les en croire, le syndicat agricole a déjà transformé la condition matérielle et morale des populations rurales, il est l'instrument de paix et d'union sociales déversant la prospérité et le bien-être sur les classes ouvrières de nos campagnes, il leur a enseigné la douce joie de se sentir tous, petits et grands vivant de la terre, unis et solidaires, et si le syndicat agricole a des vertus tellement bienfaisantes au lieu que le syndicat professionnel industriel est resté souvent stérile, la raison en est que ce dernier a toujours été une arme de guerre aux mains des salariés ou des patrons, tandis que le syndicat agricole est le modèle du syndicat mixte. «Les syndicats agricoles, par essence, ne pouvaient être que mixtes, c'est-à-dire composés à la fois des propriétaires et des travailleurs de la terre. Point

---

professionnelles. Il est intéressant de rapprocher de cela que les fonctions des administrateurs et directeurs de syndicats sont gratuites. Nous regrettons de ne pouvoir nommer la grande institution syndicale et les personnalités auxquelles nous venons de faire allusion ; mais il est aisé de comprendre que la preuve des faits avancés par nous et confirmés par plusieurs personnes appartenant au monde agricole nous serait très difficile.

de conflit entre ces deux groupes tellement mêlés et confondus qu'on ne les distingue guère que par abstraction » (1). Or, cela est matériellement faux. Le syndicat agricole mixte, comme le syndicat industriel mixte, est l'exception, et l'on ne peut, de bonne foi, généraliser un fait particulier en donnant ce caractère à tous les syndicats agricoles. Au point de vue de la solidarité et de l'union sociale entre les classes de patrons et de salariés, il n'y a aucune différence entre les diverses espèces de syndicats professionnels. La seule solidarité que les syndicats agricoles aient réalisée, c'est la solidarité des propriétaires syndiqués, mais elle ne constitue pas une vertu nouvelle des syndicats: nous avons vu très souvent se manifester cette solidarité patronale dans les syndicats industriels.

Les syndicats ont fait naître et se fortifier cette solidarité des propriétaires de la terre en leur offrant dès leur constitution des avantages pécuniaires qui devaient rendre précieuse pour eux l'association professionnelle. *Primo vivere, deinde philosophari*, a dit M. de Rocquigny. Telle est bien en effet la maxime dont se sont pénétrés égoïstement les syndicats agricoles et dont ils ont poursuivi l'application avec acharnement. Ainsi s'explique la progression incessante du nombre des associations rurales par leur succès éclatant dans l'organisation des achats en commun et par leurs efforts pour accroître les bénéfices qu'elles procurent à leurs adhérents en organisant des

(1) Mabilleau. Le Mouvement agraire. *Revue de Paris*, 1er juillet 1897. — Dans le même sens : De Rocquigny. *Les Syndicats agricoles et le socialisme agraire*. Paris, 1893. — Kergall. *Du rôle social des syndicats agricoles*. Rapport au 3e Congrès national des syndicats agricoles. — René Henri. Le Parti rural organisé et mobilisable. *Revue politique et parlementaire*, 10 juillet 1897.

services distincts de vente, de crédit, etc., toutes institutions fort indifférentes aux populations ouvrières rurales qui ne peuvent en attendre aucun bénéfice. Mais se préoccuper de la situation misérable de celles-ci et travailler à l'améliorer, n'est-ce pas, pour tous les syndicats, *philosophari*, et n'ont-ils pas raison de renvoyer ces préoccupations secondaires à plus tard?... «La vérité est que les syndicats agricoles ne sont que des syndicats de patrons, car, être propriétaire, c'est être patron, et que les ouvriers agricoles, les journaliers ou valets de ferme, n'y ont aucune part, ni aucun intérêt» (1).

Les syndicats ouvriers ne sont pas d'ailleurs inconnus en France. M. Mabilleau (2) constate qu'il en existait 72 au commencement de l'année 1896, la plupart constitués en des localités où la culture prend un caractère particulièrement industriel, par exemple entre ouvriers jardiniers dans la banlieue des grandes villes, etc. Depuis lors, leur nombre s'est légèrement accru (3) ; mais nous ne pensons pas et nous n'espérons pas non plus que ce nombre soit jamais comparable à celui des syndicats ouvriers industriels ou des syndicats agricoles patronaux. Les propriétaires d'une petite commune peuvent facilement, sinon constituer un syndicat communal, du moins s'affilier au syndicat voisin, cantonal, d'arrondissement ou de chef-

---

(1) Ch. Gide. *Revue d'Économie politique*, 1897, p. 760.

(2) *Revue de Paris*, 1er juillet 1897, *art. cit.*

(3) Bien souvent, dans des localités diverses, les travailleurs de la terre se sont réunis pour se concerter contre les propriétaires, sans constituer de syndicat : c'est, par exemple, lorsque les ouvriers ne visaient qu'une entente limitée à une condition de leur travail et non l'adoption d'un programme complet de revendications ou de réformes.— Ainsi les ouvriers agricoles de Vic (près Montpellier) se réunissaient au mois de mars 1898 pour fixer les limites de la journée de travail.

lieu : ils ont pour cela l'argent et le temps. Mais que feront de vraiment utile les quelques travailleurs disséminés dans les petites communes, dans les hameaux ou dans les fermes, et dont le nombre total est pourtant considérable (1)? Lorsqu'ils auront constitué un syndicat au chef-lieu de canton ou d'arrondissement susceptible de grouper utilement leurs faibles ressources, auront-ils le loisir de s'y rencontrer régulièrement pour s'entretenir de leurs intérêts communs, se connaître et laisser naître entre eux la mutuelle confiance, la solidarité (2)? Non,

(1) D'après l'enquête agricole de 1892, la population des travailleurs agricoles, comprenant les chefs d'exploitation et les salariés (y compris les servantes de ferme), s'élève à 6.663.135 têtes, dont voici les catégories de détail :

	Travailleurs exerçant directement la profession agricole comme :	Nombre
CHEFS D'EXPLOITATION	1° Propriétaires cultivant exclusivement leurs terres, soit seuls, soit avec l'aide de leur famille ou d'autrui (régisseurs, valets ou ouvriers)........	2.199.220
	2° Fermiers..............................	1 061.401
	3° Métayers............	344 168
	TOTAUX.................	3.604.789
AUXILIAIRES OU SALARIÉS	4° Régisseurs.........	16 091
	5° Journaliers, y compris 588.950 journaliers, propriétaires d'un petit bien, qui à ce titre sont à la fois exploitants et salariés.	1.210 081
	6° Domestiques de ferme..................	1.832.174
	TOTAUX...	3.058.346

Voir la *Statistique agricole de la France* (résultats de l'enquête décennale de 1892). Paris, 1897 ; et le *Bulletin de l'Office du Travail*, numéro de juin 1898.

(2) «..... Les travailleurs du sol ne se sont presque pas syndiqués jusqu'à aujourd'hui. Je sais bien que cela leur est malaisé. Je sais d'abord qu'ils sont disséminés, qu'il leur est plus difficile de se concerter qu'aux ouvriers des villes, et que dans un rayon restreint ils sont, plus encore que l'ouvrier, à la merci de ceux qui disposent du travail. Je sais aussi qu'il y a quelques années, lorsque les ouvriers agricoles, en particulier les ouvriers les plus misérables, songèrent à se syndiquer pour obtenir des améliorations de salaires, une guerre acharnée leur fut faite par ce que j'appellerai le patronat terrien». *Journal Officiel*. Débats. Ch. des dép. (session ordinaire), 1897, p. 1806. Interpellation Jaurès sur la Crise agricole.

et c'est pourquoi nous n'avons pas foi en l'avenir des syndicats ouvriers ruraux. Mais de ce que ces syndicats sont peu nombreux, il ne s'ensuit pas que les syndicats agricoles actuels soient des syndicats mixtes où viennent s'apaiser et s'évanouir les éternels dissentiments si intenses entre patrons et salariés qui se manifestent dans toute entreprise.

L'on pourrait toutefois s'y tromper, à en croire les louanges dithyrambiques que certains auteurs ont adressées aux associations agricoles, tel M. Paul Deschanel, dans son discours, lors de l'interpellation de M. Jaurès sur la Crise agricole. Après avoir décrit le développement des services d'achats en commun dans les syndicats, M. Deschanel ajoute : «Puis, de même qu'on achetait en commun, on se mit à travailler et à vendre en commun. Les syndicats devinrent des organes d'enseignement : on dressa des cartes, on créa des champs d'expériences, on organisa des cours, des conférences, des laboratoires. Ils s'annexèrent des coopératives : laiteries, fruiteries, fromageries, féculeries, distilleries, mouture de grains, panification, vinification, etc....

»Enfin, la mutualité vint garantir, compléter, couronner en quelque sorte la coopération.

»Les syndicats n'ont pas attendu notre loi de 1894 pour organiser le crédit. De tous côtés on vit surgir de terre des caisses rurales, tantôt sous le type Poligny, tantôt sous le type Raiffeisen (1), aidées sur certains points par

(1) Hors les sociétés de crédit du type Poligny ou du type de la loi de 1894, qui sont d'ailleurs assez peu nombreuses. les caisses rurales mutuelles imitées des caisses allemandes Raiffeisen ou Schulze-Delitzsch, telles que celles groupées en grand nombre dans *l'Union des caisses rurales*, présidée par M. Louis Durand, ont été fondées, pour la plupart. en dehors de l'action syndicale.

de grandes caisses d'épargne autonomes comme celles de Lyon ou de Marseille, ou par des banques locales.

»*Ils n'ont pas attendu non plus notre loi sur l'assistance gratuite pour l'organiser dans 25 ou 30 départements. Ils ont organisé les assurances contre les accidents, contre la mortalité du bétail, pour la préservation des récoltes ; le placement des ouvriers, fermiers, régisseurs, etc. ; cette institution de l'aide mutuelle en travail, par laquelle lorsqu'un des membres du syndicat est malade ou blessé, ses camarades pourvoient aux travaux de sa culture. Et voici enfin qu'ils organisent les retraites ouvrières*» (1).

A ce splendide tableau des bienfaits et des améliorations réalisées par les syndicats pour le plus grand bien des populations rurales, il ne manque que quelques chiffres : nous les donnerons tous dans un tableau complet, emprunté à des documents officiels divers du Ministère de l'Agriculture, c'est-à-dire que, dans le relevé des institutions diverses dues à l'initiative des syndicats de propriétaires ruraux, nous comprendrons toutes celles qu'ils ont créées dans une intention quelconque, intention égoïste ou, au contraire, intention sincère d'aider au progrès de l'agriculture et d'améliorer la condition des classes agricoles pauvres, des petits propriétaires, fermiers, métayers ou simples ouvriers des champs.

---

(1) *Journal Officiel*. Débats. Ch. des dép. (session ordinaire), 1897, p. 1944.

Tableau des institutions et créations diverses des Syndicats professionnels agricoles existant en France au 1er juillet 1897 (1)

NATURE DES INSTITUTIONS et des CRÉATIONS	AU 1er juillet 1895			AU 1er juillet 1897		
	Syndicats	Unions de syndicats	Total des créations	Syndicats	Unions de syndicats	Total des créations
Sociétés ou caisses de secours mutuels	27	»	27	33	»	33
Caisses d'épargne ou de prévoyance	1	»	1	1	»	1
Sociétés ou caisses de crédit ou prêt mutuel	19	»	19	36	»	36
Sociétés ou caisses d'assurances mutuelles :						
— contre les accidents du travail	1	»	1	1	»	1
— contre la mortalité du bétail et des étalons	15	»	15	24	»	24
— contre l'incendie	1	»	1	1	»	1
— contre la grêle	2	»	2	2	»	2
Sociétés coopératives de consommation ou d'approvisionnement	9	2	11	11	2	13
Sociétés coopératives de production (boulangeries, laiteries, etc.)	5	»	5	5	»	5
Cours de greffage, taille ; cours professionnels	76	3	79	84	3	87
Concours professionnels et d'apprentissage. Examens professionnels	18	1	19	19	1	20
Orphelinats	1	»	1	1	»	1
Expositions syndicales	2	»	2	2	»	2
Bibliothèques	47	2	49	49	2	51
Bureaux et offices de placement	11	»	11	13	»	13
Offices de renseignements commerciaux et d'analyses	7	»	7	7	»	7
Laboratoires d'analyses et d'expertises	10	1	11	10	1	11
Services de contentieux	4	1	5	3	1	4
Conseils d'arbitrage, commission de conciliation, tribunal arbitral	3	»	3	3	»	3
Services médicaux, cliniques	3	»	3	3	»	3
Champs d'expériences (ou jardins, vignes d'expériences)	79	1	80	87	1	88
Pépinières diverses (vignes américaines et autres)	40	»	40	48	»	48
Garderie de propriétés	1	»	1	1	»	1
Publications diverses (bulletins, journaux, annuaires)	97	10	107	108	12	120
Marchés divers	2	»	2	2	»	2
Sociétés d'assistance manuelle	2	»	2	2	»	2
Offices pour la vente des vins	3	»	3	3	»	3
Secours en nature : dons d'effets aux enfants	1	»	1	1	»	1
Services de prêts d'outils et d'instruments agricoles	1	»	1	2	»	2
TOTAUX (1er juillet 1897)	»	»	»	562	23	585

(1) D'après les relevés parus dans la *Statistique agricole de la France* (résultats de l'enquête décennale de 1892) publiée par le Ministère de l'agriculture en 1897, et dans le *Bulletin de l'Office du Travail*, nº de mars 1898.

Trente-six caisses de crédit ou prêt mutuel, trente-trois sociétés de secours mutuels, une société d'assurances contre les accidents du travail, treize bureaux ou offices de placement pour les ouvriers agricoles, etc., pour ne citer que les institutions remédiant le plus immédiatement à la détresse de nos campagnes ! Hélas ! l'illusion a été de courte durée ! La voilà donc cette activité bienfaisante et incessante des syndicats dont les classes ouvrières rurales ont recueilli tant de bien ! Voilà le réel bilan des œuvres sociales tentées par les quinze cents syndicats agricoles patronaux en France !

Certes, nous sommes loin de comprendre l'idée socialiste telle que l'entend et la propage M. Jaurès de toute la force de sa conviction et par la puissance de son talent, mais nous ne saurions nier la sincérité des constatations cruellement vraies que l'enquête du parti socialiste a révélées et que M. Jaurès mettait en si éclatante lumière à la Chambre des députés dans ses discours sur la Crise agricole (1). M. Jaurès recherchait ce qui avait été fait pour améliorer la vie des petits qui vivent de leur dur travail sur la terre, après que le législateur avait fait tout ce qui était en son pouvoir pour assurer par des droits de douanes ou par des primes un minimum de revenu ou un minimum de profit aux grands, aux propriétaires qui vivent aussi de la terre, mais par le travail de salariés. Rien n'a été fait pour ces malheureuses populations. Mais ici, sur les remèdes, sur les moyens de leur venir en aide, nous nous écartons également des théories collectiviste et socialiste d'État. C'est aux agriculteurs, aux proprié-

(1) *Journal Officiel*. Débats. Ch. des dép. (session ordinaire), 1897, p. 1586 et suiv., 1688 et suiv., 1801 et suiv.

taires ruraux, selon nous, dont la connaissance des souffrances de leurs salariés est très complète et dont la formidable organisation syndicale a su obtenir de l'État tant de privilèges, tant de mesures législatives à eux favorables, qu'il appartient de franchir les limites si rigides jusqu'à maintenant de leur action égoïste et d'user des instruments puissants que la loi a mis en leurs mains, des syndicats, pour faire participer directement aux améliorations qu'ils ont su en retirer pour eux-mêmes les populations ouvrières dont le travail aide tellement à leur fortune.

Les propriétaires ruraux doivent s'efforcer d'attirer et de retenir dans leurs syndicats les fermiers, les métayers, cette masse de petits travailleurs, journaliers ou valets de ferme, qui vivent misérablement sur leurs terres; il faut que les syndicats agricoles deviennent réellement des syndicats mixtes (1). Nous avons déjà exprimé une médiocre confiance en l'avenir d'une organisation ouvrière rurale, prêchée par les socialistes, et nous en avons donné les raisons (2). Les ouvriers ruraux feront bien de se méfier des sollicitations dont ils sont ainsi l'objet : les résultats d'une organisation opposée aux syndicats patro-

(1) En réalité, un grand nombre de syndicats agricoles excluent très nettement les ouvriers ruraux (journaliers, valets de ferme, etc....). Voici, par exemple, un extrait des Statuts du Syndicat agricole du département de l'Aveyron. Les termes très catégoriques de l'art. 3 ne laissent susbister aucun doute :

«Peuvent seuls faire partie du Syndicat :

»1° *Les propriétaires de fonds ruraux* dans le département de l'Aveyron et »ceux qui exploitent les mêmes fonds à titre de *fermiers, colons ou métayers*;

»2° Les Sociétés et Comices agricoles ou viticoles de l'Aveyron en tant »que personnes morales ;

»3° *Les propriétaires et fermiers* des départements limitrophes».

(2) Voir pages 61 à 63.

naux, d'une politique de combat analogue à celle qui nuit tellement aux syndicats industriels, seraient désastreux pour l'agriculture toute entière qui souffre avant tout de l'absence de solidarité, d'union entre les individus qui vivent d'elle. Et c'est pourquoi les syndicats patronaux, nous voulons dire tous les syndicats agricoles actuels, qui proclament hautement leur volonté de lutter contre le *Socialisme agraire* (1), doivent agir et empêcher

---

(1) *Le Socialisme agraire ou néo-collectivisme français.*— Les socialistes se sont longtemps désintéressés de la question agricole parce qu'ils savaient les populations rurales absolument réfractaires à leur programme révolutionnaire, dont le principal article est la *Nationalisation* ou *Socialisation du sol*, auquel les classes ouvrières de l'industrie avaient fait si bel accueil. Pour conquérir ces populations agricoles, il fallait donc rédiger un nouveau programme susceptible de les séduire et d'amener les petits cultivateurs à s'enrôler dans l'armée révolutionnaire. Dans cette intention, les chefs du socialisme ouvrirent une vaste enquête sur l'état de l'agriculture destinée à leur fournir les éléments du programme de propagande agricole qui devait être discuté et voté par le Congrès socialiste de Marseille (septembre 1892). Une circulaire accompagnée d'un questionnaire détaillé, qui devait faire connaître les besoins et les vœux des petits propriétaires et des ouvriers de la culture, fut envoyée dans toutes les communes rurales. Le plan des socialistes était de mettre nettement en relief la ligne de démarcation, jusqu'alors assez confuse, entre les grands et moyens propriétaires ruraux exploitant avec des salariés d'une part, et les ouvriers agricoles et petits propriétaires exploitant leur terre exclusivement avec les bras de leur famille d'autre part, par la création, dans tous les villages, de syndicats agricoles ouvriers réunis entre eux par un lien fédératif.

Les socialistes n'hésitèrent pas à mentir à leur véritable programme collectiviste pour séduire les petits agriculteurs, tous propriétaires ou espérant le devenir, et ils leur prodiguèrent les flatteries pour leur faire oublier les injures dont ils les avaient accablés autrefois. Ainsi est devenu aujourd'hui un des chefs du socialisme agraire, M. Jules Guesde, qui se garde bien de rappeler à ses électeurs ruraux cette opinion flatteuse qu'il exprimait sur eux autrefois : «A qui est-il permis d'oublier que les ruraux, les *pagani*, ont été les souteneurs du passé, un obstacle au progrès ?» (*Revue socialiste*, janvier 1880).

L'on ne saurait nier que la propagande socialiste n'ait fait depuis quelques années de grands progrès dans les campagnes, et cela se conçoit

une organisation ouvrière rurale en intéressant les classes déshéritées de l'agriculture à leurs travaux, à leurs préoccupations de chaque jour, et aussi à leurs profits.

En exerçant sur celles-ci une tutelle discrète et bienfaisante, ils justifieront leur caractère d'utilité publique et serviront excellemment les intérêts de leur pro-

---

aisément : les populations ouvrières rurales sont encore trop frustes et trop naïves pour résister longtemps aux excitations malsaines dont elles sont l'objet de la part des socialistes, qui leur font espérer que leur désir le plus vif est l'abolition de la grande propriété, du patronat terrien, et le morcellement du sol entre les travailleurs agricoles. C'est ainsi que le programme agricole adopté par le Congrès socialiste de Marseille a été habilement composé de revendications révolutionnaires, dont l'attrait est si puissant sur les ouvriers, et de propositions utiles, réclamées depuis longtemps par les esprits impartiaux que le progrès de l'agriculture ne laisse pas indifférents, telles que le remboursement aux fermiers ou métayers sortants de la plus-value donnée à la propriété, la *réduction* des droits de mutation pour les petites propriétés, la création de la prud'homie agricole, etc.....

Programme du Socialisme agraire
Adopté par le Congrès socialiste de Marseille, 24-28 septembre 1892

Art. 1er. — Minimum de salaire fixé par les syndicats ouvriers agricoles et par les conseils municipaux, tant pour les ouvriers à la journée que pour les loués à l'année (bouviers, valets de ferme, filles de ferme, etc.).

Art. 2. — Création de prud'hommes agricoles.

Art. 3. — Interdiction aux communes d'aliéner leurs terrains communaux ; amodiation par l'Etat aux communes des terrains domaniaux maritimes et autres actuellement incultes ; emploi des excédents des budgets communaux à l'agrandissement de la propriété communale.

Art. 4. — Attribution par la commune des terrains concédés par l'Etat, possédés ou achetés par elle à des familles possédantes, associées ou simplement usufruitières, avec interdiction d'employer des salariés et obligation de payer une redevance au profit du budget de l'assistance communale.

Art. 5. — Caisse de retraites agricoles pour les invalides et les vieillards, alimentée par un impôt spécial sur les revenus de la grande propriété.

Art. 6. — Achat par la commune de machines agricoles et leur location à prix de revient aux travailleurs agricoles ; création d'associations de travailleurs agricoles pour l'achat d'engrais, de grains, de semences, de plants, etc..., et pour la vente des produits.

fession : ils éviteront aussi ce grave écueil auquel se sont heurtés les syndicats industriels et dont les menace aujourd'hui la propagande socialiste, la division complète, irrémédiable, entre propriétaires et salariés par la constitution de syndicats ouvriers dans toutes les communes, qui entraveraient certainement tout progrès, toute initiative bienfaisante.

Art. 7. — *Suppression* des droits de mutation pour les propriétés au-dessous de 5000 fr.

Art. 8. — Réduction par des commissions d'arbitrage, comme en Irlande, des baux de fermage et de métayage et indemnité aux fermiers et métayers sortants pour la plus-value donnée à la propriété.

Art. 9.— Suppression de l'art. 2102 du Code civil, donnant au propriétaire un privilège sur la récolte ; suppression de la saisie-brandon, c'est-à-dire des récoltes sur pied ; constitution pour le cultivateur d'une réserve insaisissable, comprenant les instruments aratoires, les quantités de récoltes, fumiers et têtes de bétail indispensables à l'exercice de son métier.

Art. 10. — Révision du cadastre et, en attendant la réalisation de cette mesure générale, révision parcellaire par les communes.

Art. 11. — Cours gratuits d'agronomie et champs d'expérimentation agricole.

L'article fondamental du socialisme agraire, le *maintien et l'extension de la petite propriété*, ne figure pas dans ce programme, mais c'est celui qui fait l'objet de toutes les conférences, celui sur lequel s'appuie le plus volontiers la propagande socialiste dans les campagnes. C'est ainsi que M. Jules Guesde a dit, paroles monstrueuses dans la bouche d'un collectiviste, que *la solution de la question sociale, c'est le morcellement du sol,* et M. Jaurès, dans *la Dépêche,* s'adressant aux petits propriétaires : «Votre propriété est sacrée, transmettez-la à vos enfants. *Nous sommes les restaurateurs de la propriété individuelle*». Or cela est faux et mensonger, car les collectivistes ne veulent nullement fortifier et multiplier la petite propriété, pour laquelle ils manifestent un absolu mépris La nouvelle théorie socialiste *ad usum paganorum* a été désavouée par les collectivistes scientifiques, par ceux dont l'esprit n'est pas hanté par des préoccupations électorales, et ses auteurs, les néo-collectivistes, les socialistes agraires, ont dû alors confesser qu'ils n'avaient aucune foi dans l'avenir de la petite propriété, qu'ils la défendaient pour se concilier la faveur des petits agriculteurs, mais qu'ils considéraient toujours la socialisation complète de la terre comme inéluctable et que les petits propriétaires la solliciteraient finalement comme un bienfait.

Le Concours entre les syndicats agricoles, qui eut lieu à Paris, au Musée social, en 1897, n'a que trop montré l'indifférence des syndicats professionnels agricoles en pareille matière. Le généreux fondateur de ce concours, M. le comte de Chambrun, avait été frappé de la rapide progression des syndicats agricoles, de leur développement trop spécial et de l'absence à peu près complète d'institutions en faveur des classes déshéritées rurales; pareille constatation avait déjà été faite, en 1895, au Congrès national des Syndicats agricoles, à Anvers, par M. de Laage de Meux : « Le rôle social des syndicats se restreint, quant à présent, uniquement au propriétaire et à l'exploitant du sol; il serait bon aussi de se préoccuper de l'ouvrier agricole. »

Le Concours institué au Musée social devait mettre en lumière les services de toute nature déjà rendus aux populations des campagnes, et surtout permettre d'indiquer pour l'avenir le sens où devaient tendre tous les efforts, le devoir social des syndicats agricoles, «........ celui de travailler à propager dans les couches profondes du pays rural, avec le véritable esprit de solidarité entre tous les hommes qui vivent de l'agriculture, le progrès et le bien-être des plus déshérités d'entr'eux, les petits cultivateurs et les ouvriers agricoles » (1). On ne saurait trop louer M. le comte de Chambrun de sa généreuse initiative, et si les résultats du concours de 1897 ont été bien décevants, nous voulons espérer que les syndicats comprendront le conseil généreux qui leur a été ainsi donné, que l'on trouve,

---

(1) *Le Concours entre les syndicats agricoles au Musée social.* Paris, 1897. Rapport de M. de Rocquigny.

d'ailleurs, dans la loi de 1884 (art. 6), et qu'ils s'en souviendront pour engendrer des œuvres utiles dans cette nouvelle voie.

Des 1676 syndicats agricoles invités à prendre part au concours, auxquels fut adressée la circulaire du Musée social, 153 seulement eurent conscience de s'être parfois distraits de leurs seules préoccupations commerciales pour penser à des œuvres d'ordre plus élevé et désintéressé, et se présentèrent au concours. Quatre grands prix de 2,000 francs et dix-sept de 1,000 francs furent attribués aux vingt-et-un premiers syndicats classés par ordre de mérite. Les quatre premiers méritent seuls d'être cités pour les services sociaux qu'ils ont rendus à l'agriculture. En ce qui concerne les dix-sept autres syndicats lauréats, il est bien difficile de déterminer quelle entreprise de leur rôle social a pu leur faire accorder un prix. Le rapport de M. de Rocquigny ne met en lumière, en effet, que peu ou pas de résultats acquis dignes d'être signalés, seulement pour la plupart des lauréats des tentatives intéressantes, mais seulement des tentatives. Ce qui est plus apparent encore, c'est que les syndicats dont les œuvres sont rapportées n'ont nullement suivi le même programme, alors qu'en l'état actuel le rôle social dans les campagnes doit se comprendre identiquement partout. Tandis que les uns se sont surtout préoccupés du crédit et de l'épargne, les autres se sont spécialement occupés de l'assistance et des secours, d'autres des retraites, etc., et il n'en est pas dont l'action ait embrassé un programme assez vaste pour comprendre les diverses institutions sociales qui réussissent et font d'autant plus de bien autour d'elles qu'elles se complètent les unes les autres.

Seuls, les Syndicats de Belleville-sur-Saône (Rhône), de Poligny (Jura), du Loiret, de Crest et d'Allex (Drôme) ont, non pas réalisé, mais poursuivi la réalisation d'un programme d'institutions, justifiant la récompense qui leur était accordée pour services sociaux rendus à l'agriculture dans leur région. Nous nous bornerons à citer les principaux titres qui ont valu la première récompense au Syndicat de Belleville-sur-Saône. Dès 1888, il s'est préoccupé d'organiser l'assistance mutuelle et professionnelle des malades, des vieillards et des orphelins; en 1894, il fondait une caisse de crédit et d'épargne selon la loi du 5 novembre 1894, traitait (1) avec la Compagnie *La Providence* pour procurer à ses membres le bénéfice de conditions plus favorables pour l'assurance contre l'incendie et pour l'assurance contre les accidents: il avait déjà créé un Tribunal arbitral qui a rendu de grands services à ses adhérents en conciliant un grand nombre de différends, un Office de placement pour les ouvriers agricoles, etc. (2).

Telle quelle, bien qu'incomplète, l'œuvre sociale de ce syndicat, qui a aidé puissamment au relèvement de la viticulture beaujolaise, s'impose comme un modèle à l'initiative des autres syndicats.

Le Syndicat de Belleville-sur-Saône, on le voit, et les autres syndicats auxquels ont été attribués des prix, ne

---

(1) Cette pratique est empruntée aux associations rurales allemandes. M. Brouilhet dit en effet: «Les *Bauernvereine* ou Associations de paysans s'entendent avec des sociétés d'assurances (en tant que l'assurance n'est pas monopolisée par l'Etat) pour procurer à leurs membres de notables réductions». *In:* Blondel. *Etudes sur les populations rurales de l'Allemagne et la crise agraire*. Paris, 1897.

(2) Voir: *Le Concours entre les syndicats agricoles au Musée social*. Paris, 1897.

s'en sont pas tenus au très court programme social compris dans l'art. 6 de la loi de 1884. Les œuvres sociales possibles dans tout domaine ne peuvent, de nos jours encore, être prévues et indiquées avec assez de précision, alors que la science sociale est en voie de formation, pour que l'on puisse songer à considérer l'énumération de l'art. 6 comme limitative : elle indique seulement les œuvres d'utilité générale et immédiate que les syndicats doivent tout d'abord créer. Hors celles-là, selon les besoins propres à leur région, les syndicats peuvent étudier et patronner telles œuvres sociales qui leur paraissent urgentes.

Il est cependant toute une catégorie d'institutions que l'on reconnaît aujourd'hui de nécessité absolue pour l'agriculture et comme seules susceptibles de répandre les connaissances scientifiques les plus générales, les plus élémentaires, mais indispensables à l'exploitation du sol : ce sont les créations de champs d'expériences, de bulletins, de cours professionnels pour les agriculteurs et pour les élèves des écoles primaires (cours de greffage, de taille, etc.....), de concours, etc....., toutes créations intéressant le progrès de l'agriculture.

Eh bien, c'est un fait trop démontré, que les syndicats agricoles se sont désintéressés, en général, du progrès de la culture. Dernièrement, le représentant d'un syndicat agricole nous disait que les syndicats agricoles n'avaient pas à s'embarrasser de semblables préoccupations et qu'ils devaient se reposer sur les sociétés d'agriculture des discussions et des recherches relatives aux améliorations possibles à introduire dans l'exploitation du sol. Évidemment, nombre de syndicats ignorent, comme le directeur de ce syndicat, que la loi de 1884, qui permettait la création d'associations professionnelles agricoles, donnait satisfaction aux désirs et aux réclamations des agriculteurs d'alors qui protestaient contre l'organisation et le fonctionnement des sociétés d'agriculture officielles, composées en grande partie des hommes politiques en faveur auprès des préfets et qui n'avaient souvent ni intérêts, ni compétence, pour discuter des améliorations agricoles. Les nouveaux syndicats étant des *associations professionnelles* devaient, mieux que les sociétés d'agriculture, connaître les besoins et les souffrances de leur profession, et il semblait naturel qu'étant intéressées et compétentes pour discuter des remèdes à essayer, elles ne dussent jamais se décharger de ce soin si grave pour elles sur d'autres sociétés.

Très peu nombreux sont les syndicats qui, à l'exemple de celui de Belleville-sur-Saône, ont créé dans leur région des champs d'expériences, des pépinières, des concours spéciaux entre les agriculteurs, etc..., organisé l'enseignement agricole dans les écoles primaires, comme les Syndicats de Poligny, de Crest, de Bretagne et d'Anjou, etc., fondé des *Bulletins* ou feuilles périodiques rappelant les soins successifs à donner aux cultures et aux récoltes, les fumures spéciales, etc. Sans doute, c'est là le rôle des professeurs d'agriculture nommés dans les départements par l'État. Mais on ne saurait exiger de l'État qu'il crée à l'infini des postes de professeurs d'agriculture et ceux-ci, par la force des choses, ne peuvent, bien souvent, donner deux conférences par an dans la même localité. Les syndicats ne doivent donc pas compter uniquement sur l'enseignement des professeurs d'agriculture, qui ne marchandent certes pas leur temps ni leur dévouement aux agriculteurs, mais ils doivent faciliter et compléter leur rôle en suscitant à l'enseignement officiel des collaborateurs volontaires, soit dans les diverses localités, soit au syndicat lui-même (1).

Les syndicats auront aussi à s'occuper et devront tenter de réaliser, dans la mesure du possible, l'institution des diverses assurances agricoles contre l'incendie, les accidents, les épizooties, la grêle, les gelées, le chômage, etc. A diverses reprises, on a proposé d'instituer l'État assureur universel de l'agriculture (2) : nous ne saurions trop protester contre semblables folies. Il est évident que l'État sera obligé de demander à l'impôt les ressources nécessaires pour garantir les désastres agricoles, et dans quelle mesure le fera-t-il ? Les auteurs (3) d'une proposition de l'assurance par l'État espéraient obtenir des ressources suffisantes par l'addition de 20 centimes au principal des quatre contributions directes. Il fallait s'attendre alors aux protestations véhémentes et légitimes de tous les imposés non agriculteurs, que cette surtaxe d'impôts allait exaspérer, sans qu'on leur accordât aucune compensation. Et puis, même ainsi établi, cet impôt eût été insuffisant. On comptait que l'établissement de ces 20 centimes additionnels produirait une somme annuelle de 75 millions; mais en admettant que cette somme pût être employée toute à indemniser les sinistrés, c'est-à-dire qu'il n'en fallût rien déduire pour paiement des

---

(1) Un décret du 25 mai 1898 institue, au Ministère de l'Agriculture, *un Conseil supérieur de l'enseignement agricole,* dont la mission essentielle est de réviser l'organisation, les programmes et les méthodes d'enseignement de nos écoles et de nos professeurs et de veiller à leur application.

(2) De nombreuses propositions en ce sens ont été successivement déposées. Propositions de M. Quintaa (mars 1890), Quintaa et Rivet (nov. 1891), Philippon (nov. 1893), E. Rey (déc. 1893), Viger (avril 1894), etc., etc.

(3) MM. Quintaa et Rivet.

frais généraux nécessités par les expertises et débats pour l'évaluation des dommages subis par chaque agriculteur, ces 75 millions auraient été encore insuffisants pour indemniser totalement les dommages causés par un seul des fléaux de l'agriculture, par la grêle, et cette somme considérable n'aurait constitué qu'un secours dérisoire dans les années de dégâts extraordinaires (1).

Il appartient aux syndicats agricoles et non à l'État de pourvoir aux désastres dont l'agriculture est la victime. Sans doute, ils seront souvent impuissants à réparer tous les dommages causés : aussi feront-ils œuvre sage en ne se fiant pas à leurs seules forces, mais en se reposant sur l'industrie privée du soin d'assurer l'agriculture, se bornant à obtenir d'elle des conditions plus favorables pour leurs adhérents. Ils pourront créer seulement dans leur sein ou à côté d'eux des caisses d'assurances pour des objets très limités, où ils seront certains de n'être jamais complètement submergés, par exemple, lorsqu'il s'agira d'assurer les agriculteurs contre les accidents du travail ou du chômage.

Et précisément c'est de ces dernières assurances que les syndicats se sont le moins généralement préoccupés, bien qu'elles soient d'une grande importance pour l'agriculture. Il est cependant une institution qui mérite d'être citée à raison du succès de l'entreprise et de sa rareté. Le Syndicat des agriculteurs du Loiret a créé, en 1891, une société d'assurances mutuelles contre les accidents du

---

(1) E. Salle. *Rapport sur l'assurance-grêle* à la Société des agriculteurs de France, 1894.— Dans les années ordinaires, la grêle cause une moyenne de pertes de 90 millions de francs. En 1873, les pertes causées par la grêle se sont élevées à 313 millions, en 1874 à 363 millions et en 1891 à plus de 400 millions.

travail agricole, la *Solidarité orléanaise*. « La Société est une mutuelle à cotisations fixes fondée par les membres du Syndicat des agriculteurs du Loiret, mais sans aucune responsabilité financière pour cette association, ainsi qu'il est stipulé dans les statuts. La société assure les fermiers ou propriétaires exploitants contre les accidents qui peuvent survenir à eux-mêmes, aux personnes de leur famille, à leurs domestiques ou journaliers et enfin aux tiers, par suite des travaux agricoles entendus dans leur sens le plus large » (1).

La question du chômage, pour être d'application plus délicate, plus difficile, n'en doit pas moins s'imposer à l'attention des syndicats. « Ah ! je sais bien qu'on nous dit que c'est un préjugé ; on dit qu'à la campagne ce ne sont pas les bras qui manquent de travail, que c'est le travail et la propriété qui manquent de bras ! La propriété manque de bras à certaines heures de travail précipité et fiévreux, mais, pendant le cours de l'année, ce sont les bras qui manquent de travail et de rémunération » (2).

Les associations agricoles doivent donc, par la création d'institutions destinées à atténuer les funestes effets du chômage pour les populations ouvrières rurales, s'efforcer d'enrayer ce dépeuplement des campagnes dont l'agriculteur se plaint avec raison. Il n'y a guère qu'à l'étranger (3) que le problème du chômage pour les ou-

---

(1) Rocquigny (Cte de). *L'Intervention des syndicats agricoles dans l'assurance contre les accidents du travail agricole*. Rapport à la Société des agriculteurs de France, 1894.

(2) *Journal Officiel*. Débats. Ch. des dép. (session ordinaire), 1897. Interpellation Jaurès, p. 1803.

(3) *Journal des Économistes*, t. XXIII, p. 253, et *Revue politique et parlementaire*, t. VI, p. 140 et t. VIII, p. 397. L'assurance contre le chômage dans les cantons de Berne et de Saint-Gall. Voir également : *Bulletin de l'Office*

vriers ait été abordé sérieusement et où l'on ait essayé de le réglementer et de lui venir en aide. Les résultats n'ont pas été favorables en général, parce que dès l'abord on s'est heurté à la difficulté de bien préciser les conditions du chômage. Pourtant, nous ne croyons pas qu'il faille renoncer totalement à la réalisation de l'assurance contre le chômage, et les associations professionnelles nous paraissent tout indiquées pour multiplier les modèles les plus divers susceptibles de la réaliser, pour choisir ensuite l'institution qui aura donné les meilleurs résultats.

Telles sont les diverses entreprises sociales qui s'offrent tout d'abord à l'activité des syndicats agricoles, et l'expérience leur permettra de discerner celles qui méritent plus que les autres d'être développées, ou de créer, pour répondre à de nouveaux besoins, celles que nous ne pouvons prévoir ni indiquer dans une étude d'ordre aussi général. Mais ce qui ressort évidemment de l'évolution économique de l'agriculture, c'est qu'il est temps pour les associations agricoles de se mêler au peuple des campagnes pour l'aider et le protéger, pour le convaincre aussi que le sort des classes urbaines ne sera pas, dans un avenir prochain, préférable au sien et lui faire de nouveau aimer sa terre et son métier de cultivateur. Tel doit être l'idéal des associations agricoles, dit M. de Rocquigny (1).

Les syndicats pourraient, dans cette voie, satisfaire amplement leur besoin d'action sans causer de ruines,

---

du Travail, septembre 1897. Essais d'organisation d'assurance contre le chômage à Gand. — Dans le canton de Saint-Gall, l'institution ne paraît pas devoir subsister, malgré l'allocation d'une nouvelle subvention, ainsi qu'il résulte d'une note parue dans le *Bulletin de l'Office du Travail*, n° de décembre 1896.

(1) *Le Concours entre les syndicats agricoles au Musée social*. Paris, 1897.

sans soulever d'âpres récriminations, car ils ne porteraient pas atteinte à la liberté et ne lèseraient pas les intérêts d'autrui; ils n'accroîtraient pas le malaise social par des rivalités professionnelles ardentes et cruelles et contribueraient à faire naître véritablement la solidarité entre tous les individus de la nation, justifiant alors leur devise jusqu'à maintenant usurpée «l'*Union pour la Vie*». Alors seulement, ces paroles, par lesquelles M. le comte de Chambrun traduisait le beau rêve qu'il avait formé, seront l'expression d'une réalité que nous proclamerons avec joie: «Pour nous, Français, la gloire, l'honneur de nos syndicats agricoles, c'est qu'avant tout, ce qui nous préoccupe dans les syndicats agricoles, ce sont les secours mutuels, les retraites, l'enseignement, toute cette œuvre de réciprocité, de mutualité, la plus belle œuvre du *droit et du devoir* social dans ce monde! » (1).

(1) *Le Concours entre les syndicats agricoles au Musée social.* Paris, 1897. Toast de M. de Chambrun.

CHAPITRE III

Les Sociétés coopératives agricoles

Caractères et limites du mouvement coopératif agricole.

De la coopération de production dans l'agriculture. — Comment elle se distingue du communisme rural : les communautés agraires de Pinschin, de l'Algérie (1842) et de l'Australie du Sud, etc.; leur échec.

De la coopération agricole de consommation et de vente. — Régime légal des associations coopératives : de leur multiplication et du dommage qu'elles causent au commerce. — Les syndicats agricoles constituent de réelles sociétés coopératives qui ont éludé les dispositions de la loi de 1867.

Le projet de loi sur les associations coopératives : nécessité de les soumettre au droit commun.

On a fort exagéré l'importance du mouvement coopératif dans l'agriculture; on a voulu voir cette forme spéciale de l'association grandir indéfiniment et s'étendre à tous les domaines de la vie agricole, mais il y a bien loin de ce rêve à la réalité. Actuellement, la coopération est très spécialisée et limitée à l'*organisation de l'industrie commerciale de l'agriculture ;* par elle s'effectuent tous les achats des denrées et des marchandises nécessaires à l'agriculteur, par elle aussi essaie-t-on de rendre possibles le crédit agricole et les ventes directes des produits du sol. Dans ce domaine restreint, les associations agricoles, les syndicats, ont accompli une œuvre considérable et, dans ces limites, l'assertion de M. Bernard (1) que «les syndicats agricoles constituent actuellement la plus haute expression de l'idée coopérative» peut être admise. Cette opinion ne saurait cependant être acceptée des vrais coopérateurs, nous devrions dire des vrais *coopératistes* (2). «Si la coopération n'était qu'un moyen de mieux vivre ou de dépenser moins, ou de réaliser quelques économies...., si la coopération n'avait d'autre but ni d'autre avenir que de créer quelques boutiques d'épicerie perfectionnées ou d'un mécanisme d'épargne plus ou moins ingénieux, je vous prie de croire qu'elle n'aurait pas rallié dans une même foi et dans une commune espérance des milliers d'hommes de tous pays et de toutes langues» (3). Or, précisément, comme nous croyons l'avoir suffisamment démontré dans les précédents chapitres de cette étude, les syndicats agricoles n'ont visé que la constitution de magasins commerciaux perfectionnés ; les syndicats se sont servis de la coopération parce qu'elle était le meilleur moyen pour eux d'obtenir un régime privilégié leur permettant de faire une concurrence heureuse à leurs ennemis, les commerçants; mais les propriétaires, les patrons ruraux syndiqués, n'ont jamais eu l'intention de modifier l'organisation économique actuelle en ce qui concerne leur droit de propriété et leur droit de commander à des salariés. Allez donc demander à ces propriétaires si leurs syndicats visent l'émancipation progressive du prolétariat rural et l'abolition du salariat où tend *le coopératisme!* Cette pensée est tellement éloignée

(1) *Dictionnaire d'Économie politique* Léon Say et Chailley-Bert. Mot : *Syndicats agricoles.*

(2) Ch. Gide. *Principes d'économie politique*, 6e édition. Paris, 1898. Chapitre: *Le Coopératisme.*

(3) Ch. Gide. L'Avenir de la coopération. *Revue socialiste*, juin 1898.

de leur esprit que les syndicats sont devenus, dans les mains des chefs du mouvement syndical, une arme contre le socialisme agraire (1). D'ailleurs, même pour ceux d'entre les coopérateurs qui voient dans la coopération non pas un programme de rénovation sociale, mais seulement un moyen de réaliser certaines améliorations (2), les syndicats et les associations coopératives agricoles constituent une forme tout à fait insuffisante de la coopération dans l'agriculture, en ce sens que leur objet est trop restreint à l'industrie commerciale agricole qui intéresse, il est vrai, l'agriculture, mais ne se confond pas avec elle.

Le caractère très nettement établi de la coopération actuelle dans l'agriculture est, en effet, non pas un besoin reconnu indispensable aujourd'hui de s'unir pour relever l'industrie ag.icole française par de meilleurs modes d'exploitation, par l'application de procédés scientifiques ou l'emploi à frais communs de machines perfectionnées égalisant davantage les charges de la petite et de la grande culture et permettant au sol français de supporter avec avantage la concurrence agricole étrangère, mais un désir peu raisonnable de réaliser des bénéfices plus considérables, en modifiant le moins possible les procédés routiniers d' exploitation, par la seule suppression des commerçants acheteurs et fournisseurs de l'agriculture.

Quelle est donc la faute, le crime du commerce ? Faire des bénéfices ! Comme si tout travail, quel qu'il soit, ne mérite pas un salaire ! La preuve que les commerçants

---

(1) Rocquigny (Cte de). *Les Syndicats agricoles et le socialisme agraire*. Paris, 1893.

(2) Ch. Gide. *Principes d'économie politique*, 6e édition. Paris, 1898.

rendent des services incontestables à l'agriculture, c'est qu'aussitôt disparus ils sont remplacés par de nombreux autres intermédiaires créés par les agriculteurs eux-mêmes, sous le nom d'administrateurs de syndicats ou de sociétés coopératives, ou de courtiers agissant pour les syndicats, etc.... N'a-t-on aussi argué que les majorations prélevées par le commerce étaient trop considérables parce qu'il y avait trop de petites boutiques obligées de réaliser un bénéfice d'autant plus considérable sur chaque objet que leur clientèle était petite? Si l'on admet pareil argument, il faut l'étendre non seulement au commerce, mais à toutes les professions et reconnaître très sage cette réponse d'un épicier: « Une Université suffirait, il y a trop de professeurs à entretenir aux frais des contribuables! » (1). Et, alors, ne sommes-nous pas fondé à dire avec les socialistes aux agriculteurs: Il y a trop de petites propriétés et il importe à la prospérité nationale de fondre les multiples parcelles, qui divisent le sol français pour le grand dommage de l'exploitation, en vastes domaines, où les procédés de la grande culture seront applicables et permettront d'obtenir avec le minimum de frais des rendements supérieurs aux rendements actuels.

La conséquence de cette campagne injustifiée est que le commerce se recrute mal ou ne se recrute plus du tout. « Déjà, il est devenu rare que le fils d'un négociant ou d'un commerçant prenne la suite des affaires de son père... Il se rend parfaitement compte de cette défaveur (subie par le commerce) et préfère, sans que l'on soit en droit de le lui reprocher, embrasser une carrière libérale ou

---

(1) *Economiste français*, 2 mars 1889. Article de M. Arthur Raffalovich.

devenir fonctionnaire » (1). Devons-nous penser que tous ces commerçants, tous ces boutiquiers expropriés de leurs magasins, rendront plus de services à la société comme avocats, médecins ou fonctionnaires? Est-ce l'agriculture, qui suffit à peine à nourrir sa population ouvrière, qui leur donnera du travail et des salaires? Et, somme toute, toute cette organisation de l'agriculture pour se substituer au commerce, tous ces efforts tentés pour jeter un plus grand désarroi dans la vie économique de la nation, restent complètement à la merci d'un changement de politique extérieure commerciale.

L'erreur donc a été grande de croire que la prospérité de l'agriculture devait découler nécessairement de la suppression des commerçants: la prospérité agricole est, au contraire, indissolublement liée à celle du commerce et de l'industrie. « La première condition à réaliser pour que l'agriculture puisse prospérer dans une société donnée, c'est que les capitaux soient abondants, que l'industrie et le commerce soient très actifs, que la richesse publique, en un mot, soit généralisée le plus possible. Plus la population urbaine est élevée par rapport à la population rurale et plus les débouchés qu'elle trouvera seront avantageux » (2). Or, précisément, l'extension des syndicats agricoles actuels et des sociétés coopératives agricoles cause des dommages considérables aux commerçants de toutes catégories, et le soulèvement qui s'est produit naguère en Belgique contre l'indéfinie multiplication des sociétés coopératives est bien près de se mani-

---

(1) *Revue politique et littéraire*, 1er janvier 1898. Ch. Roux. La situation de notre commerce.

(2) F. Bernard. *Les Systèmes de culture*. Les spéculations agricoles. Principes d'économie rurale. Montpellier, C. Coulet, 1898.

fester en France, où la même cause tend à tarir une des sources principales de la richesse publique.

Au contraire, les associations coopératives constituées et agissant, dans le domaine propre de l'industrie agricole, pour l'exploitation du sol, auraient été vraiment utiles, surtout aux petits propriétaires, au profit desquels elles eussent fait disparaître la plupart des charges écrasantes et des inconvénients des petites exploitations, par la création notamment de caves, de laiteries, de granges, d'étables, de celliers, etc., communs aux adhérents ; il leur eût été possible d'étendre encore l'action coopérative aux travaux même de la terre, aux moissons, aux vendanges, à la garde des troupeaux, etc. Mais les associations agricoles en France n'ont pas songé que la coopération de production dans l'agriculture pouvait seule infuser une nouvelle vigueur à la petite propriété par l'application des procédés culturaux scientifiques, d'emploi aussi aisé désormais qu'aux grands domaines, et même ces associations coopératives d'objet limité, telles que les caves coopératives, dont l'essor a été si rapide à l'étranger, surtout en Allemagne et en Italie, n'ont pu se constituer et s'acclimater en France.

Les laiteries coopératives ou *fruitières* ont seules, en France, trouvé bon accueil dans certaines contrées, notamment dans la Charente et la Vendée, et le gouvernement s'efforce de les introduire aujourd'hui dans les régions montagneuses de l'Auvergne et des Pyrénées. Mais ce sont là des sociétés coopératives de production trop limitées, si tant est que l'on puisse appeler ainsi des associations composées de producteurs de lait absolument indépendants les uns des autres, dont l'objet est uniquement de transformer en commun ce lait en beurre ou fromage. Du reste, dans nombre de cas, les petits producteurs associés, ne pouvant réunir le capital nécessaire à l'acquisition de machines perfectionnées pour traiter le lait, négocient avec une société ou un industriel auquel appartient tout l'outillage et qui se borne à payer, selon un tarif déterminé, le lait que lui apportent chaque jour les producteurs (1) ; il n'y a alors pas de coopération.

La véritable société coopérative de production, la société idéale à notre sens, serait, par exemple dans nos régions viticoles, celle qui se formerait entre plusieurs petits propriétaires-viticulteurs et qui se proposerait, non pas seulement de réunir, lors des vendanges, leurs récoltes particulières en une seule, en vue de l'économie résultant de la nécessité d'un seul cellier, de la réduction du matériel vinaire, de meilleurs soins à donner au vin, etc. (2), ce qui serait déjà un progrès sérieux, mais celle qui adopterait un programme plus étendu, entendant la coopération de production dans un sens large, et réaliserait la concentration dans une seule écurie, une seule remise, un seul cellier, des animaux de trait et de labour, du matériel nécessaire à l'exploitation, et accomplirait au cours de l'année, autant que possible par le seul travail des coopérateurs, les travaux importants de la culture des vendanges et de la vinification, successivement dans les exploitations particulières comprises dans l'acte de société.

C'est un fait remarquable que l'association coopérative de production n'a jamais suscité aucune faveur dans l'agriculture, tandis qu'au contraire, à toutes les époques et dans tous les pays, l'association communiste faisait

---

(1) Rocquigny (Cte de). *La Coopération de production dans l'agriculture*. 1896, p. 77.

(2) Tallavignes. *Les Caves coopératives*. Montpellier. C. Coulet, 1896.

des adeptes parmi les agriculteurs auxquels elle ne laissait, au bout de peu de temps, que cruelles déceptions. Comment expliquer cela ? Est-ce qu'ils n'aient jamais bien distingué ces deux modes de l'association et n'aient pas compris les avantages moraux et matériels de la coopération qui permet à chaque participant de recueillir les bénéfices de l'exploitation en commun, tout en conservant dans la plus large mesure son indépendance et sa libre initiative sur son domaine, au lieu que, dans la société communiste, son individualité complète, personne et biens, disparaît pour ne laisser subsister qu'un pseudo-intérêt commun, le plus souvent l'intérêt propre des administrateurs de la communauté ? Nous devons le penser, parce que, malgré les enseignements résultant des échecs réitérés des communautés rurales, c'est toujours cette espèce d'association, et celle-là seulement, que nous ayons vu reconstituer à toutes les époques et de nos jours encore. Les associations rurales du Norfolk et du Warwick (1), que l'on cite souvent comme des exemples de sociétés coopératives de production, sont de véritables communautés, d'où l'esprit coopératif est banni, tout comme dans les communautés rurales de Pinschin (2) près Dantzig et de l'Australie du Sud. Toutes ces associations communistes sont destinées à disparaître comme leurs aînées, parce qu'elles suppriment complètement le sentiment de l'individualité si fort chez tous les êtres et ne peuvent prétendre le remplacer par une préoccupation constante de l'intérêt commun. Il est aujourd'hui démontré que, dans toutes les associations communistes,

(1) Cauwès. *Traité d'économie politique*, tome III, p. 217, note.

(2) Citée par M. Brouilhet. *In* : Blondel. *Etudes sur les populations rurales de l'Allemagne et la crise agraire*. Paris, 1897.

l'intérêt commun n'a jamais pu prévaloir sur l'intérêt particulier des participants et que tous les échecs sont dus à la lutte perpétuelle de ces intérêts.

En 1842, le maréchal Bugeaud institua, en Algérie, trois colonies rurales composées l'une de soldats libérés, les deux autres de soldats ayant un certain temps à accomplir; les colons n'avaient aucun droit de propriété individuelle. Au bout d'un an, l'indifférence des communistes pour l'intér t commun avait complètement ruiné ces trois colonies et, pour satisfaire aux désirs qui lui furent exprimés, le maréchal Bugeaud dut diviser entre les participants le territoire des trois colonies, qui dès lors prospérèrent et constituèrent, dès 1845, trois villages importants.

Dans l'Australie du Sud, sous l'influence des gouvernements, les communautés rurales se sont multipliées depuis un certain nombre d'années, grâce aux concessions gratuites de territoires et aux avances pécuniaires assez élevées faites aux colons. Et malgré ce, toutes ces communautés n'ont cessé de péricliter. D'après M. Pierre Leroy-Beaulieu (1), outre l'indifférence manifeste des colons pour l'intérêt commun, les dissensions intestines, dues à l'arbitraire des administrateurs élus et des majorités, ont en général causé l'échec de ces associations.

Nous pourrions citer, sans intérêt pour le lecteur, les multiples échecs des communautés rurales: toutes ont sombré, au bout d'un temps plus ou moins long, toujours pour les mêmes causes. La coopération de production permet d'éviter ces écueils du communisme; elle se distingue de celui-ci en ce qu'elle laisse subsister la propriété

---

(1) *Réforme sociale*, 16 juin 1896.

individuelle et la liberté d'action de tous les participants sur leur domaine; elle ne met en commun, pour le plus grand profit des intéressés, de préférence petits propriétaires ou petits fermiers, que certaines opérations culturales qu'il importe d'accomplir le plus rapidement possible aux diverses époques de l'année et que l'association permet de faire avec plus de perfection par l'emploi de machines puissantes et en stimulant l'ardeur des coassociés par l'espoir de rendements plus élevés; elle leur permet aussi d'éviter une multiplication indéfinie du matériel d'exploitation qu'entraîne la division du sol en petites propriétés par la création de celliers, de granges ou d'étables communs; par elle encore, les petits agriculteurs peuvent donner à leurs récoltes des soins plus attentifs et plus intelligents et réaliser les perfectionnements apportés dans les diverses branches de l'industrie agricole en créant des caves, des laiteries communes, etc... Mais, en dehors de ces opérations qui doivent être prévues et réglées par les statuts de la société, chaque participant conserve sa liberté d'action et peut accomplir sur son domaine toutes améliorations qu'il juge utiles : chacun conserve, en effet, sa propriété et les bénéfices qu'elle lui procure et est ainsi intéressé à lui faire produire le maximum. La coopération ne supprime donc pas l'intérêt individuel comme le communisme; elle le surexcite au contraire, en ce sens que, dans la pratique des opérations culturales en commun par exemple, les co-associés escomptent un double bénéfice, celui qu'ils espèrent réaliser par une meilleure récolte et l'économie des frais généraux immédiatement appréciable (1).

---

(1) L'association coopérative complète de production dans l'agriculture n'existe pas, avons-nous dit. Il existe cependant en France, à Saint-

L'association de production présente sans doute plus de difficultés entre propriétaires ruraux que partout ailleurs ; mais ces difficultés ne sont pas insurmontables et nous souhaitons que les agriculteurs appliquent tous leurs efforts à les atténuer, à les faire disparaître, parce qu'ils trouveront dans la grande production agricole les avantages inhérents à la grande production industrielle, c'est-à-dire l'économie d'emplacement et de local, de travail et de capitaux. M. Ch. Brouilhet proclame en ces termes la nécessité de l'association pour la petite propriété : «Le groupement coopératif nous semble pour la petite propriété non seulement un avantage, mais presque une condition d'existence... L'agriculture moderne tend à devenir, comme l'industrie, grande consommatrice de capitaux. Ainsi la petite propriété peut avoir beaucoup de peine à se défendre contre la concurrence des grands domaines. La coopération vient précisément au moment voulu pour lui conférer les avantages de la production en grand, *sans faire disparaître l'autonomie de l'exploitation* » (1).

Cependant, durant le vaste mouvement d'association

Quentin, une association de propriétaires, *l'Union agricole de la Marne*, qui a donné de très beaux résultats en permettant d'étendre les dimensions de la culture et d'adopter les procédés généraux aux grandes entreprises. Les propriétaires associés ont réalisé ainsi quelques-uns des avantages matériels résultant de l'association de production. Voici en quels termes M. Convert décrit le fonctionnement de cette société : «Les ouvriers forment au siège social une équipe volante qui se transporte d'un point à l'autre suivant les besoins. Dans les fermes séparées, on ne laisse qu'un ou deux hommes avec un gamin pour les travaux ordinaires..... Les attelages se concentrent sur les points indiqués, comme tout le personnel. pour les grands travaux, labours, moissons, etc... *Cette association constitue un des rares exemples non d'exploitation en commun, mais de société agricole formée de propriétaires isolés.*» Convert. *La Propriété*. Montpellier, C. Coulet, 1888.

(1) *In:* Blondel. *Etudes sur les populations rurales de l'Allemagne et la crise agraire*. Paris, 1897.

agricole issu de la loi du 21 mars 1884 et caractérisé par la multiplication des syndicats et des sociétés coopératives agricoles, ce n'est pas du côté de la production que se sont tournées les préoccupations des agriculteurs : il leur a paru que tout le bénéfice possible dans l'agriculture était représenté par les majorations sur les marchandises ou denrées achetées ou vendues au commerce, et leurs efforts habilement combinés ont tenté de renverser les intermédiaires qui les empêchaient de s'enrichir et de les remplacer aussitôt par d'autres intermédiaires, appelés syndicats ou sociétés coopératives, dont le but était de réaliser des bénéfices pour les agriculteurs seuls. Les résultats de leur entreprise furent, nous l'avons vu, couronnés d'un succès complet en ce qui concerne les achats au commerce, malheureux le plus souvent lorsqu'il s'agissait de remplacer le commerçant dans la vente des produits agricoles au consommateur. Toujours est-il que le commerce et l'industrie ont subi un préjudice considérable du fait de l'extension de ce mouvement coopératif. Nous ne croyons pas qu'il y ait lieu de s'en féliciter et nous devons maintenant examiner si le rôle de l'État et la législation ne sont pas critiquables dans cette lutte économique et s'il ne convient pas de laisser les adversaires se débattre librement sans accorder aux uns une protection dont on prive les autres : en d'autres termes, l'État doit-il protéger les sociétés coopératives agricoles, qui sont *en fait* de véritables sociétés commerciales, et les exempter des charges supportées par le commerce ordinaire ?

La loi de 1867 (1) accorde aux associations coopéra-

(1) La loi du 24 juillet 1867 a été complétée par les lois du 1er août 1893 et du 5 novembre 1894 qui régit spécialement les sociétés de crédit mutuel agricole.

tives de grandes facilités de constitution et les exempte des droits à payer sur le capital constitué. De plus, dans la pratique, deux grandes faveurs ont été faites aux sociétés coopératives, qui, à elles seules, justifient les griefs du commerce victime d'une concurrence injuste : d'abord, l'impôt de la patente ne leur est pas appliqué, de plus on a décidé de ne pas leur appliquer l'impôt sur le revenu des valeurs mobilières parce que, dit-on, leurs bénéfices ne constituent pas un dividende, mais une ristourne. Grâce à ces exemptions fiscales qui pèsent si lourdement sur le commerce ordinaire, les sociétés coopératives de consommation ont pu, dès leur constitution, assurer à leurs adhérents une diminution du prix des marchandises vendues et la distribution de gros dividendes (1) : puis, peu à peu, le besoin de réaliser des bénéfices pour la constitution d'un fonds de réserve amena les sociétés coopératives, ainsi que le constate M. Cauwès (2), à vendre au prix ordinaire du commerce ou à un prix un peu inférieur, mais encore suffisant pour réaliser des bénéfices. Et néanmoins le client va plutôt à la société coopérative que chez le commerçant, parce qu'il sait que ces sociétés sont exemptées de toute contribution fiscale. « On se dit : puisqu'elles ne supportent aucune charge, elles vendent certainement meilleur marché que le commerce qui paie de si lourds impôts. Le raisonnement est très juste, très logique » (3). Dès lors, si l'on songe à la progression

(1) Certaines coopératives ne distribuent pas de dividendes à leurs actionnaires et cette part de bénéfices permet de constituer une œuvre quelconque en faveur des adhérents sans nécessiter une augmentation du capital social. Mais outre que ces sociétés sont peu nombreuses, le préjudice par elles causé au commerce reste le même.

(2) Cauwès. *Traité d'économie politique*, t. III, p. 303-304.

(3) *Journal Officiel*. Déb. parl. Ch. des dép., 11 mars 1898. Discussion de la loi des patentes. Discours de M. G. Berry.

croissante des sociétés coopératives agricoles, on peut aisément se convaincre du bien fondé des doléances du commerce.

Les sociétés coopératives agricoles sont très nombreuses. Il existe actuellement en France vingt Unions de syndicats agricoles : chacune de ces Unions s'est annexé une coopérative chargée de faire les opérations commerciales qui lui sont interdites, et à ces coopératives d'Unions viennent s'ajouter les anciens syndicats agricoles qui se sont transformés en sociétés à capital variable régies par la loi de 1867. Certains de ces derniers, tel le Syndicat agricole de Montpellier, ont conservé après leur transformation leur ancien titre de syndicat ; c'est là une pratique regrettable qui cause de nombreuses confusions et que l'administration devrait réprimer.

Enfin, à ces coopératives régulières, légales, vient s'ajouter le nombre imposant des 1371 syndicats agricoles actuellement existants (1) qui, sous le couvert de la loi de 1884 (2), constituent en fait de véritables sociétés

(1) Ce chiffre de 1371, emprunté aux publications officielles les plus récentes, est très inférieur à la réalité ; la raison en est qu'il existe un certain nombre de syndicats illégalement constitués, ayant par exemple négligé de déposer leurs statuts, qui ne sont pas compris dans les statistiques officielles.

(2) « Ce qui doit apparaître dans une étude un peu approfondie de l'organisme nouveau qu'à la faveur de la loi du 21 mars 1884 les cultivateurs ont créé sous le nom de syndicat professionnel agricole, c'est que cet organisme est en germe et tend à devenir de plus en plus, en fait, *une véritable société coopérative de production* et de vente ». Rocquigny (Cte de). *La Coopération de production dans l'agriculture*. Paris, 1896.

Même en étudiant de très près le texte de la loi du 21 mars 1884, nous n'apercevons pas dans les associations professionnelles qu'elle crée le *germe* de sociétés coopératives. Que les agriculteurs aient ainsi transformé les syndicats, nous en sommes d'accord et tous nos efforts tendent à le démontrer. Mais rien n'indique dans le texte de la loi une pensée du législateur de favoriser la constitution de nouvelles sociétés coopératives. Nous avouons aussi ne pas comprendre en quoi les syndicats agricoles sont des coopératives de consommation ou de vente. M. le comte d'Hugues (1) protestait à la Chambre des députés contre l'assimilation que nombre de ses collègues établissaient entre les syndicats agricoles et les sociétés coopératives, et il invoquait les lois de 1884 et de 1867 pour établir une distinction très nette entre ces deux espèces d'institutions. Cette protestation n'a aucune valeur : il est très vrai que théoriquement, légalement, les syndicats agricoles sont des institutions tout à fait distinctes, nullement assimilables aux sociétés coopératives de consommation, tout le monde en est d'accord, mais *en fait* les syndicats, par l'organisation et le fonctionnement régulier de leurs services d'achats, de ventes, et même de crédit, sont entrés dans la voie des opérations accomplies par les sociétés coopératives, et rien ne permet d'établir une différence entre eux au point de vue des résultats.

Mais alors pourquoi tous les syndicats agricoles ne res-

---

coopératives de production. Parce que les syndicats sont constitués entre producteurs ? La raison serait insuffisante si elle était telle. Nous avons expliqué comment nous concevions la véritable coopération de production dans l'agriculture : les syndicats sont des coopératives de consommation ou de vente, et aucun caractère spécial ne distingue leur fonctionnement commercial des sociétés coopératives agricoles ordinaires de consommation ou de vente. Nous savons que les sociétés coopératives de vente se rapprochent fort des sociétés coopératives de consommation, si elles ne se confondent pas avec elles, et qu'on ne saurait en rien les assimiler aux coopératives de production.

D'ailleurs, le syndicat a une personnalité propre, tout à fait distincte de celle de ses membres : lorsqu'il se charge de la vente des produits agricoles de ses membres, il est dans la situation du commerçant acheteur à la propriété. Pour que l'on fût en droit de dire du syndicat agricole qu'il constitue une société coopérative de production, il faudrait établir qu'il ne se borne pas à remplacer l'intermédiaire-commerçant entre le producteur et le consommateur, mais coopère réellement au travail de la terre, aux récoltes, aux soins à donner aux produits, etc..., et nous savons que jamais les syndicats ne se sont proposés pareil objet.

(1) *Journal Officiel*. Déb. parl. Ch. des dép. (séance du 10 mars 1898).

tent-ils pas toujours sous le régime de la loi de 1884, qui exige moins de formalités et leur laisse plus de liberté encore que la loi de 1867, et pourquoi certains se transforment-ils en sociétés à capital variable ? La raison est très simple : à l'origine, la plupart des syndicats agricoles, même ceux ayant un nombre élevé d'adhérents, n'avaient que des ressources modiques et leur administration, facilement contrôlable, n'entraînait pas une responsabilité bien lourde pour leurs administrateurs. Mais lorsque, grâce à l'organisation et au développement de leurs services d'achats et de ventes, et à la réalisation des bénéfices qui en résultaient et servaient à constituer un fonds de réserve, à accroître le capital social, les syndicats devinrent puissants, propriétaires de capitaux importants, leurs administrateurs ou directeurs seuls responsables, selon la loi du 21 mars 1884, et peu soucieux d'assumer toute la responsabilité de leur libre administration de ces capitaux, préférèrent se mettre à couvert en transformant ces associations en sociétés coopératives, selon la loi de 1867, qui en règle l'administration et le fonctionnement. Cette transformation n'entravait en rien l'essor normal de leurs opérations commerciales, car le capital social de l'ancien syndicat permettait de payer un certain nombre d'actions qui devenaient la propriété de la nouvelle société coopérative ou qui étaient remises gratuitement aux anciens membres du syndicat (1).

Faut-il donc condamner irrévocablement la coopération et les sociétés coopératives agricoles ? Assurément non.

(1) L'administration et les parquets auraient dû empêcher cette pratique en violation de la loi, ainsi que nous l'avons établi au cours de notre étude de la loi de 1884. Nous croyons avoir suffisamment expliqué qu'à la dissolution du syndicat, *établissement d'utilité publique*, les biens qu'il possédait devenaient vacants et sans maître et devaient être attribués à l'Etat.

Nous ne sommes nullement un adversaire aveugle de la coopération, et bien que nous soyons assez sceptique en ce qui concerne les vertus qu'on lui prête de tendre à transformer le monde économique actuel, nous lui reconnaissons volontiers de permettre dans quelques cas certaines améliorations dans les conditions de la vie, et à ce titre l'existence des sociétés coopératives est justifiée. Mais nous demandons qu'on n'invoque pas en leur faveur une législation de privilèges, qu'on les soumette au régime du droit commun : elles se développeront côte à côte en libre concurrence avec les entreprises individualistes et elles triompheront si elles le peuvent et le doivent.

Ainsi que l'a excellemment démontré M. Georges Berry à la Chambre, lors de la discussion récente de la loi des patentes (1), le principe de l'association coopérative de consommation était excellent à l'origine ; ces associations étaient des sociétés philanthropiques, dignes de toutes les sympathies, qui tendaient à faciliter les conditions premières de la vie aux ouvriers d'un atelier ou d'une corporation en constituant une sorte de grande famille, qui pouvait acheter au prix de gros les denrées et les marchandises indispensables au ménage, partagées entre les adhérents à jours déterminés. Mais le temps est loin où la société coopérative de consommation, société purement philanthropique, méritait ainsi la sollicitude du législateur. Aujourd'hui, la plupart sont en réalité des sociétés de spéculation aux mains de capitalistes que l'on n'aperçoit pas à leur direction, qui habilement les font gérer par des hommes à eux, et il n'est aucun principe de justice et de morale que l'on puisse invoquer de bonne

(1) *Journal Officiel*. Déb. parl. Ch. des dép., 11 mars 1898.

foi pour justifier les avantages et les privilèges concédés à ces sociétés par la loi et par la jurisprudence. « A Limoges, par exemple, il y a une coopérative *dite ouvrière* qui compte 4.800 adhérents ; 300 ouvriers ou employés en font partie, les autres membres sont des rentiers, des officiers, des magistrats, qui bénéficient de cette société coopérative comme s'ils avaient besoin d'être secourus par une œuvre philanthropique ! » (1). Les syndicats et les sociétés coopératives agricoles sont, en tous points, assimilables à la Société coopérative de Limoges et, pas plus que cette dernière, ne sont dignes des privilèges fiscaux qui leur sont concédés au détriment du commerce sur lequel les impôts pèsent plus lourdement. Nous avons démontré que le nombre réel des sociétés coopératives agricoles était très élevé. On jugera plus exactement du préjudice souffert par le commerce en rappelant l'évaluation du chiffre total annuel d'affaires traitées par une partie d'entre elles, les syndicats agricoles, évaluation de cent millions donnée en 1893 par M. de Rocquigny (2).

L'extension des sociétés coopératives de consommation cause donc un double préjudice, l'un au détriment du commerce que nous venons d'examiner, l'autre à l'État, de plus en plus considérable à mesure que diminue le nombre des commerçants patentés et que s'élève celui des coopératives ou des syndicats agricoles ; il faut rapprocher de ceci que l'État, depuis quelques années, a fait des sacrifices considérables en faveur de l'agriculture, et que, outre l'adoption d'une législation douanière qui a entravé beaucoup le développement économique

(1) *Journal Officiel.* Déb. parl. Ch. des dép., M. G. Berry, 11 mars 1898.

(2) Cette évaluation est fort inférieure au chiffre d'affaires actuel des syndicats agricoles.

de notre pays, deux dégrèvements de l'impôt foncier sur les propriétés non bâties ont été accordés aux agriculteurs par les lois de 1890 et de 1897 (1). «MM. les marchands de vin ne nous ont pas oubliés dans leur congrès, écrivait un coopérateur éminent, M. le professeur Gide, ils ont engagé le gouvernement à nous faire payer patente en faisant observer que *du jour où nous aurons fait disparaître tous les débitants de vin, il faudra bien que le gouvernement retrouve son argent quelque part, et que mieux vaudrait pour lui commencer tout de suite.* Le jour où nous aurons fait disparaître tous les marchands de vin, dites-vous? Eh bien! mais ce sera un beau jour que celui-là!» (2). La cause des marchands de vin est celle de tous les commerçants dont l'existence est menacée par les sociétés coopératives. Il est possible que ce rêve de la suppression totale du commerce soit doux aux coopérateurs et nous ne voudrions pas les troubler dans l'attente de leurs joies futures, mais alors que ce n'est là encore pour nous qu'un mauvais rêve, nous soutenons que l'État a le droit et surtout le devoir de laisser les différents commerces et les différentes industries suivre leur voie naturelle, c'est-à-dire qu'il doit ne pas favoriser les uns par des secours spéciaux et n'en restreindre aucun dans son développement. Or l'État fait précisément le contraire en France en accordant aux coopératives l'exemption des impôts qui constituent une charge si écrasante pour le commerce ordinaire, et ainsi il porte atteinte à l'égalité. «Il est anti-économique, autant que le principe du droit n'en est pas lésé et qu'atteinte n'est pas portée à la religion, aux bonnes mœurs et à la constitution de

(1) Lois des 10 août 1890 et 21 juillet 1897.

(2) *Revue d'Économie politique*, 1889, p. 478.

l'État, de vouloir tracer une autre limite que celle-ci à l'exercice des métiers et de demander qu'ils soient pratiqués dans un certain esprit ou par une certaine classe» (1).

Le projet de loi sur les sociétés coopératives, la *Loi coopérative* dit-on aujourd'hui, a été très gêné par les tendances qui se sont lentement dégagées, très nettement opposées, des représentants des coopératives et de l'agriculture d'une part, du commerce de l'autre : ce projet est loin encore de devenir une loi, car les divergences d'idées paraissent s'accentuer chaque jour. La Belgique, l'Italie, la Suisse nous ont déjà devancé et les législations de ces pays assimilent, au point de vue fiscal, commerçants et coopératives. La Commission de la Chambre chargée de l'examen de la proposition de loi ayant pour objet une augmentation des patentes, en 1897, reconnut le bien fondé des doléances du commerce et adopta une clause qui distinguait, ainsi que la jurisprudence le fait depuis longtemps, entre les sociétés coopératives de consommation vendant exclusivement à leurs membres et celles qui s'adressent directement au public, ces dernières étant seules soumises à la patente. La Commission espérait établir ainsi un terrain d'entente durable : malheureusement, la mesure proposée serait de nul effet et ne changerait rien à la situation actuelle, parce qu'en pratique il sera toujours difficile, sinon impossible, de vérifier si les sociétés coopératives de consommation, que l'on devra exempter d'impôts, se conforment scrupuleusement à la loi, par exemple si leur gestion est tout à fait gratuite, si elles sont *réellement* fermées au public, etc.

Sans doute, les juristes font doctement observer que l'on ne saurait assimiler complètement aux commerçants

(1) A. Raffalovich. *Economiste français,* 2 mars 1889.

ou aux sociétés commerciales les sociétés coopératives *dont l'objet est civil.* C'est là — que l'on veuille bien pardonner notre irrévérence — une pure chinoiserie juridique, et le bon sens du commerçant, d'accord avec celui de tout esprit impartial, se refusera à admettre une différence de traitement entre le petit boutiquier, qui vit péniblement des services qu'il rend à une peu nombreuse clientèle, et la coopérative voisine dont les adhérents — nous allions dire les clients — se comptent par milliers, différence de traitement qui se traduira par une surcharge d'impôts pour le petit commerçant (1).

Au reste, les économistes, d'accord avec l'opinion publique, ne sont pas seuls à réclamer l'égalité devant la loi du commerce et des coopératives, et nous ne saurions clore cette discussion avec plus d'à-propos qu'en citant l'opinion empreinte d'une grande modération et de sagesse, émise tout récemment par un juriste dont nous

---

(1) D'ailleurs la loi elle-même, la loi de 1894, assimile complètement une catégorie de sociétés coopératives, *dont l'objet est civil pourtant* (les sociétés syndicales de crédit), aux sociétés de commerce ordinaires, bien qu'elle édicte en leur faveur des privilèges fiscaux. Art. 4 : «*Les sociétés de crédit autorisées par la présente loi sont des sociétés commerciales* dont les livres doivent être tenus conformément aux prescriptions du Code de commerce. *Elles sont exemptes du droit de patente ainsi que de l'impôt sur les valeurs mobilières*». Pourquoi ?

Cette exemption d'impôts fut critiquée d'abord, à la Chambre des députés, par MM. Doumer et Rouvier, puis au Sénat par M. Marcel Barthe. Il fut répondu que ces sociétés, bien que commerciales, ne feraient pas de bénéfices proprement dits, puisqu'elles ne pourraient les répartir sous forme de dividendes et qu'elles devraient les remettre comme une sorte de trop-perçu à ceux-là même qui auraient fait des opérations avec elles. Le Ministre des Finances fit alors observer que dans le cas où, après dissolution, l'actif est partagé entre les sociétaires, il s'effectue une véritable distribution de bénéfices et que l'impôt sur les valeurs mobilières eût dû être maintenu au moins dans ce cas. Le Sénat passa outre à ces sages observations et vota l'exemption complète d'impôts. Voir l'*Annuaire de législation française* de 1895, p. 80-96.

n'avons pas à louer le talent, M. le professeur Thaller: «Un revirement s'est opéré dans l'opinion générale. D'après les idées nouvelles, il faudrait faire cesser pour toute société coopérative ce privilège consistant dans l'exemption des impôts qui frappent les commerçants, tels que la patente. Le petit négoce, déjà battu en brèche par les sociétés anonymes, succombera nécessairement si on lui suscite du côté opposé une seconde concurrence, celle du syndicat des consommateurs. *Et la disparition du petit commerce, avec celle de la moyenne bourgeoisie, aurait des conséquences très graves qu'on peut juger d'avance néfastes*. A tout le moins convient-il que ce syndicat de consommateurs lutte à armes égales. Il acquittera les mêmes impôts que le commerce, de manière à les faire rentrer dans ses prix. C'est raisonnable» (1).

(1) Thaller (E.). *Traité élémentaire de droit commercial*. Paris, 1898.

CHAPITRE IV

Du Crédit agricole

Raisons qui ont fait distraire du chapitre précédent l'étude des associations coopératives de crédit. — De l'utilité du crédit agricole. — Le rôle des syndicats agricoles en matière de crédit : la *Société de crédit mutuel de Poligny*. — Les caisses rurales à responsabilité illimitée. — La loi du 5 novembre 1894 et les sociétés syndicales de crédit.

L'intervention de l'Etat. — De l'allocation à une banque centrale ou à des banques régionales agricoles des quarante millions avancés à l'Etat par la Banque de France. — Projet de loi relatif à la création de banques régionales agricoles.

Historique de la question de l'intervention de l'Etat en matière de crédit agricole. — Injustice et dangers de cette intervention.

Du Crédit agricole mobilier. — L'œuvre de la Commission extra-parlementaire de 1879-1880. — La loi du 19 février 1889. — La commercialisation des engagements de l'agriculteur.

Tendance à généraliser l'hypothèque mobilière. — La loi relative à la création et à la négociation des warrants agricoles.— Les magasins généraux.

Nous avons étudié, dans le chapitre précédent, les associations coopératives de production, de consommation et de vente, et ainsi nous nous sommes exposé au reproche d'avoir omis une catégorie importante de ces associations, les sociétés de crédit agricole. Nous avons fait cette omission à dessein : la question du crédit agricole est actuellement si complexe, elle suscite tant de problèmes nouveaux, ceux, par exemple, de l'intervention de l'État en matière de crédit, de la commercialisation des engagements de l'agriculteur, de l'hypothèque mobilière, etc., qu'il nous a paru que l'étude des sociétés coopératives de crédit n'était plus qu'un point important de cette vaste question qu'il convenait d'intercaler dans les développements que nous allons consacrer au crédit agricole.

La démonstration de l'utilité du crédit pour l'agriculture est aujourd'hui une banalité ; il n'en a pas été toujours ainsi. Longtemps discutée tandis que les pays de l'ancien continent tiraient profit de leur agriculture routinière et croyaient à l'inépuisable fertilité de leur sol, la nécessité du crédit agricole s'est imposée à l'esprit même de ses plus acharnés détracteurs, lorsque la concurrence de vastes pays nouvellement adonnés à l'agriculture vint bouleverser le marché européen et obliger les agriculteurs à abaisser progressivement les prix de leurs produits.

Dès le début, il fut évident que, pour pouvoir soutenir cette concurrence inattendue qui menaçait de les détruire, les agriculteurs européens devaient s'adonner sur leurs terres limitées et d'autant plus appauvries qu'elles avaient fait vivre de générations, à une culture nouvelle, raisonnée autant que l'ancienne était routinière, à la culture intensive. Et cela paraissait irréalisable ! Comment donner une vigueur nouvelle, augmenter le rendement de sols tellement fouillés depuis des siècles, tellement appauvris? La science agricole moderne en donnait le moyen certain : il fallait leur restituer les éléments fertilisants que les récoltes antérieures leur avaient enlevés, se décider enfin à appliquer les découvertes de nos savants et permettre à la terre de recouvrer, par l'emploi des engrais chimiques, son ancienne fertilité ; il fallait encore recourir à de nouvelles machines plus puissantes pour creuser et fouiller le sol, ou pour parachever avec plus de rapidité et de perfection les diverses récoltes. Mais cette plus grande fertilité ne devait être acquise qu'au prix de longs travaux et d'améliorations successives ; l'agriculteur devait être en mesure d'attendre le moment assez lointain où il recueillerait le bénéfice des avances considérables ainsi faites à la terre. Et, d'ailleurs, ces avances même lui faisaient souvent défaut et rendaient de nécessité urgente l'organisation d'un crédit agricole.

Toutefois, il est des auteurs qui contestent la nécessité de ce crédit, qui voient même en lui la source de maux nouveaux pour l'agriculteur. « Sans doute, l'agriculteur ne trouve pas facilement à emprunter, mais est-ce bien à souhaiter ? Les entreprises les plus solides, surtout les petites, sont celles qui se développent par leurs bénéfices et sur leurs réserves » (1). Dans une discussion au Sénat de Belgique sur cette question, M. Lammens rappelait aux agriculteurs le conseil de la sagesse d'autrefois : *Surtout n'empruntez pas!* L'emprunt a causé, il est vrai, beaucoup de ruines parmi les populations rurales et a ainsi entravé le développement et la prospérité de la culture ; mais il serait facile, si l'on dressait la liste de ces ruines, de démontrer que les emprunts dont elles provenaient avaient *pour objet en général l'acquisition d'un domaine* et non une augmentation du capital d'exploitation. Telles sont, en effet, trop souvent les déplorables conséquences du crédit foncier (2) ; mais il faut se garder de confondre ce dernier avec le crédit agricole, bien

(1) Claudio Jannet. *Socialisme d'État.*

(2) Le Crédit Foncier, a-t-on dit, soutient l'agriculture comme la corde soutient le pendu.

que le Crédit foncier soit en grande partie destiné à l'agriculture.

Le Crédit agricole a pour but de procurer au propriétaire non pas précisément les capitaux qui lui seraient nécessaires pour des dépenses d'acquisition ou de premier établissement, mais le fonds de roulement qui lui est nécessaire pour les dépenses courantes d'exploitation (1). Le danger de ce crédit existe toujours, parce que l'agriculteur peut être tenté d'emprunter en vue d'un tout autre objet que les besoins de son exploitation, mais il est moins redoutable, car, à l'encontre du crédit foncier qui prend la terre pour gage de sa créance, le crédit agricole est garanti seulement par le matériel d'exploitation et par les récoltes ; il en résulte aussi que les emprunts sont très limités. Quoi qu'il en soit, devant l'importance croissante du capital d'exploitation dans l'agriculture moderne, l'organisation d'un crédit spécialement affecté à l'industrie agricole s'impose aujourd'hui, alors même qu'il en devrait découler des conséquences malheureuses pour quelques agriculteurs imprudents ou maladroits.

Les grands propriétaires considèrent avec une certaine indifférence l'organisation d'un crédit agricole qui ne réalisera pour eux que des avantages peu importants, une diminution du taux de l'intérêt pour leurs emprunts par exemple; la raison en est qu'ils sont connus des banques, habitués à manier des capitaux importants, intéressés, à raison de leur situation, à faire honneur à leurs engagements et trouvent, somme toute, facilement à emprunter. C'est surtout aux petits propriétaires, aux

(1) Ch. Gide. *Principes d'économie politique*, 5e édition. Paris, 1896.

exploitants de la terre, fermiers ou métayers, qu'il importe d'avoir auprès d'eux des institutions de crédit où ils trouveront l'argent nécessaire à leur exploitation, parce qu'ils sont plus intéressés que les grands propriétaires à pratiquer une culture intensive, partant, à augmenter leur capital d'exploitation. Ils ont, en effet, à lutter contre deux ennemis ou, tout au moins, deux concurrents redoutables pour la petite propriété : la concurrence étrangère et, à l'intérieur, la concurrence des grands domaines. Et, précisément, ces petits agriculteurs ne sont pas connus des banquiers. D'ailleurs, ceux-ci recherchent peu cette clientèle, dispersée dans les campagnes, dans les villages, qui ne fait que de très petites affaires, et les expose à de nombreux risques et à des gains médiocres. Or, les banquiers sont des commerçants ordinaires que les bénéfices importants attirent tout d'abord, parce qu'ils ont à payer les intérêts des capitaux qui leur sont prêtés à eux-mêmes et parce qu'ils doivent toujours être en mesure de suffire au jeu de leurs comptes courants. On comprend donc qu'ils ne puissent guère abandonner leurs capitaux aux agriculteurs au delà du délai ordinaire de trois mois, et cela suffit à expliquer la quasi-impossibilité du crédit agricole jusqu'à nos jours, car les engagements de l'agriculteur exigent un terme de beaucoup plus éloigné.

Les associations agricoles en France se sont préoccupées de la question de l'organisation du crédit si importante pour leur profession, mais la plupart se sont bornées à discuter et à émettre des vœux, sans rien tenter de leur propre initiative : ainsi s'explique le développement si lent en France des institutions de crédit agricole. Pourtant le succès qui couronna quelques rares essais d'organisation par des syndicats aurait dû les entraîner et vaincre leur résistance à l'action. Nous ne pouvons décrire les diverses tentatives, dues à l'initiative des syndicats agricoles, sans aborder des développements qui franchiraient les limites que nous avons données à cette partie de notre étude, et, pour démontrer que l'organisation du crédit par les syndicats était parfaitement réalisable sans que l'État dût intervenir d'une manière quelconque, nous nous bornerons à décrire l'origine, le fonctionnement et le développement de l'institution syndicale *type*, du Crédit mutuel de Poligny.

En 1885, le Syndicat agricole de Poligny constitua, à côté et en dehors de lui, une Société de Crédit mutuel, sous la forme d'une société à capital variable régie par la loi de 1867. Dès l'origine, cette société s'interdit toute affaire de spéculation et toute opération avec d'autres que ses adhérents. Du capital social primitif, fixé à 20.000 fr. et divisé en actions de 500 fr., la moitié seule fut versée, et, malgré ce capital minime, la société n'a cessé de prospérer en rendant de grands services à ses membres : disons toutefois que la Société de Crédit mutuel fonctionne aussi comme caisse d'épargne et sert, pour les dépôts qui lui sont confiés, un intérêt de 3 o/o. Voici le tableau des prêts consentis par la Société de Crédit mutuel agricole de Poligny depuis sa création :

1885	. . . .	5.000 fr.
1886	. . . .	31.000 »
1887	. . . .	39.000 »
1888	. . . .	56.000 »
1889	. . . .	75.000 »
1890	. . . .	127.000 »
1891	. . . .	159.000 »
1892	. . . . environ	212.000 »

En 1895, le chiffre des prêts a dépassé 350.000 fr.

Le maximum de chaque prêt est fixé à 600 fr., au taux de 3.50 o/o, et, malgré le nombre si élevé des prêts ainsi effectués par la Société, aucun effet n'est jamais resté impayé.

« La demande d'emprunt doit indiquer l'objet auquel il est destiné. La Société ne prête que pour acheter des bestiaux, des semences, des engrais ou des instruments agricoles, c'est-à-dire pour favoriser des acquisitions de nature à produire un bénéfice promptement réalisable..... Chaque demande est soumise à l'avis du président de la section cantonale correspondante du syndicat qui fournit des renseignements sur la solvabilité de l'emprunteur. Si ces renseignements sont favorables, la demande est agréée, mais l'emprunteur doit de plus fournir une caution. Afin que les billets puissent être escomptés par la Banque de France, les prêts se font pour trois mois seulement; toutefois, cette durée peut être prolongée jusqu'à un an au maximum à l'aide de deux ou trois renouvellements successifs, soumis à un droit fixe de 1 fr. par effet. Les effets portant les trois signatures de l'emprunteur, de sa caution et de la Société de crédit mutuel réunissent ainsi les conditions nécessaires pour être escomptés par la Banque de France » (1).

On a objecté, à l'encontre des banques mutuelles du type Poligny, tout en reconnaissant leurs services éminents, la difficulté qu'ont les petits agriculteurs à prélever sur leurs maigres ressources l'apport qui doit servir à la formation du fonds social. Les fondateurs de la Société de Crédit de Poligny parvinrent à atté-

(1) Rocquigny (Cte de). *Les Syndicats agricoles et le socialisme agraire.* Paris, 1893. — Nous empruntons à cet ouvrage la plupart des renseignements concernant la Société de Crédit de Poligny.

nuer, dans la plus large mesure, le bien fondé de cette objection. Ils divisèrent le capital social en deux parties : 1° En *actions de 500 fr.* donnant droit au titre de fondateur et à un intérêt fixe de 3 o/o, mais dont les souscripteurs (qui furent les notabilités du Syndicat de Poligny) s'interdirent de jamais solliciter le crédit de la société ; 2° En *coupures de 50 fr.*, dont le quart seulement était versé, donnant droit au titre d'actionnaire-sociétaire et la faculté d'emprunter à la société. Eh bien, lorsque l'apport des agriculteurs les plus modestes, pourtant tous propriétaires ou fermiers, est réduit au versement préalable de la somme de 12 fr. 50, peut-on soutenir sérieusement que cette obligation si modique soit un obstacle sérieux au développement des sociétés de crédit mutuel ? Le succès de la Société de Poligny en est la meilleure réfutation : nous croyons, au contraire, que cette obligation constitue une garantie du bon fonctionnement de l'institution, tous les membres étant personnellement intéressés à ce que la société n'accorde de crédit qu'aux cultivateurs laborieux, honnêtes et susceptibles de faire honneur à leur signature. Mais est-ce que la plupart des œuvres philanthropiques, mutuelles ou non, n'exigent pas de leurs adhérents et de ceux auxquels elles se proposent de venir en aide des cotisations destinées à grossir l'avoir social et dont ces derniers seront fort heureux d'être secourus plus tard sous l'espèce de retraites, secours mutuels, assurances contre la maladie ou contre les accidents, etc... ? *A fortiori* est-il logique et raisonnable, lorsqu'il s'agit d'instituer le crédit, que ceux qui devront y recourir se préoccupent de le constituer et de l'organiser.

Cependant, si les cultivateurs ne veulent apporter une cotisation, si minime soit-elle, destinée à la constitution d'un fonds social, ils ont encore la possibilité de créer des caisses de crédit analogues aux caisses rurales allemandes Raiffeisen ou Schulze-Delitzsch, dont les caractères saillants sont que *les associés ne font aucun apport, mais sont tous solidairement responsables sur tous leurs biens*.

Cette responsabilité solidaire illimitée des associés répugne beaucoup à l'esprit paysan français ; il faut pourtant bien que les associés offrent aux capitalistes des garanties sérieuses s'ils ne veulent ou ne peuvent constituer de sociétés de crédit anonymes ayant un capital propre. Il y a là toute une éducation à faire chez nos cultivateurs dont s'est chargé tout d'abord le clergé dans la plupart des régions où ces caisses ont pu se constituer, en France et aussi à l'étranger. M Louis Durand, président de l'*Union des Caisses rurales* (1), considère l'ingérence du clergé comme indispensable à la prospérité de ces institutions de crédit : «C'est une loi vérifiée par l'expérience que les caisses rurales à responsabilité illimitée ne peuvent guère être fondées sans le concours du clergé. Dans ces associations, les administrateurs disposent d'une signature sociale qui engage tout l'avoir des associés : les paysans, gens prudents, ne veulent donner un pouvoir aussi étendu qu'à des hommes dont ils sont bien sûrs. Or, les paysans qui se sentent assez habiles pour mettre en défaut la perspicacité de tous les procureurs ne se trouvent rassurés qu'autant que l'homme en qui ils mettent leur confiance croit à l'existence d'un juge plus sévère et plus perspicace

(1) «Actuellement, nous écrivait M. Louis Durand, nous avons fondé 680 caisses, dont une quinzaine sont ouvrières ; toutes les autres sont rurales». (Lettre du 19 mai 1898).

que les tribunaux humains» (1). Nous restons convaincu qu'il est regrettable de voir des œuvres d'une utilité reconnue pour tous les agriculteurs prospérer seulement avec le concours du clergé, dont l'intervention doit plutôt, à notre avis, entraver le développement. Il est aisé de comprendre qu'il n'y a place dans nombre de communes que pour une caisse rurale (2) et non pour deux ou trois : assigner à chaque institution un caractère religieux, c'est en écarter et vouer à l'impuissance les cultivateurs qui ne partagent pas les mêmes croyances religieuses.

Ce qui résulte plus nettement des raisons données par M. Durand pour justifier le rôle du clergé en cette matière, c'est que l'éducation des paysans a été mal faite. Il est vrai que chacune de ces caisses rurales est administrée par un délégué élu, mais les pouvoirs qui lui sont conférés sont fort limités et nous serions étonné qu'il puisse, en respectant les statuts de la société, engager de sa seule initiative l'avoir de ses co-associés; auprès de lui fonctionne toujours un conseil ou une commission qui a mission de le seconder, d'examiner les demandes d'emprunt et les diverses opérations entreprises par la caisse, et ce n'est qu'après l'approbation donnée par ce conseil que l'administrateur peut agir. Jusque-là, sa signature ne saurait engager la société. Du reste, il existe en France un certain nombre de caisses rurales qui se sont prononcées contre l'immixtion du clergé dans leurs affaires, et qui n'en ont pas moins prospéré : ce sont les caisses dépendant du *Centre fédératif*, présidé par M. Eugène Rostand.

---

(1) L. Durand. Le Crédit agricole et l'État. *Revue de Paris*, 1er nov. 1897.

(2) En 1895, 210 caisses rurales fonctionnaient en France, ayant chacune une moyenne de 26 membres.

Les banques rurales à responsabilité illimitée sont destinées à opérer dans un rayon restreint, et la commune paraît constituer leur meilleure circonscription. Les associés sont intéressés, en effet, à n'admettre parmi eux que des hommes laborieux dont l'honorabilité leur paraît parfaitement établie, car ils pourraient payer de la perte de tout leur patrimoine leur faiblesse d'avoir admis dans l'association ou d'avoir accordé des prêts à des personnes indignes : il appartiendra donc aux fondateurs, puis aux co-associés, d'opérer une sélection rigoureuse entre les adhérents à l'œuvre et d'en exclure ou d'en refuser l'entrée impitoyablement à toute personne dont la conduite leur paraîtra de nature à faire courir des risques à l'association.

Dans la commune rurale, il est bien difficile de se tromper sur la valeur d'un homme : tous les habitants se connaissent depuis leur enfance, savent, à peu de chose près, la fortune de leur voisin, son ardeur au travail, ses qualités et ses défauts ; ils sont les meilleurs juges de la confiance qu'il peut inspirer. Les capitalistes pourront donc traiter en toute sécurité avec la société et se reposer sur elle du soin de distribuer ses prêts ; jamais leurs capitaux n'auront été mieux distribués et pour de meilleurs emplois ; et, d'autre part, ils ont une garantie sérieuse résultant de la responsabilité solidaire des co-associés sur leur patrimoine particulier et cette garantie est représentée par un ensemble imposant de domaines, de bestiaux, de récoltes, d'instruments, etc...

Nous avons vu que les statuts du Crédit mutuel de Poligny limitaient les services de la société à ses membres, dont le nombre était forcément restreint à celui des coupures d'actions représentant le capital social. Un inconvénient assez sérieux en découlait, c'est que les agriculteurs de la région pouvant se servir du crédit étaient trop peu nombreux et qu'il était injuste d'en priver la masse. Les fondateurs du Crédit mutuel de Poligny préférèrent ne pas multiplier indéfiniment le chiffre des affaires directement traitées par leur société avec les agriculteurs eux-mêmes, et en cela ils furent bien inspirés : ils s'efforcèrent de faire créer des établissements intermédiaires dans les diverses communes de leur région, des caisses rurales à responsabilité illimitée, auxquelles le Crédit mutuel de Poligny servirait de banque centrale et éviterait les premières recherches du capital nécessaire à leurs affaires. Leur initiative fut couronnée d'un grand succès, et assez rapidement une quinzaine de caisses rurales furent constituées dont le fonctionnement est actuellement très satisfaisant. Le Syndicat agricole de Poligny peut donc légitimement revendiquer l'honneur d'avoir, le premier, institué un établissement complet de crédit agricole en France ; aujourd'hui encore, bien que divers syndicats aient tenté de réaliser le crédit sous une forme quelconque dans leur circonscription, le *Crédit mutuel de Poligny* reste la plus pure organisation du Crédit agricole par un syndicat.

La loi du 5 novembre 1894 (1), après bien des péripéties, de nombreuses discussions et surtout de nombreux remaniements où disparut toute trace de la proposition de loi déposée en 1890 par M. Méline, dont elle est issue, vint donner aux syndicats agricoles de nouvelles facilités de constitution de sociétés de crédit entre tout ou partie des membres d'un ou de plusieurs syndicats. Elle les dispense de la majeure partie des formalités édictées par la loi du

(1) Voir aux *Annexes* le texte de cette loi.

24 juin 1867 sur les sociétés, elle impose les conditions les plus simples ; rédaction des statuts et dépôt de ces statuts avec la liste des administrateurs et sociétaires au greffe de la justice de paix, révision annuelle de ladite liste. L'utilité de cette loi n'a jamais été démontrée et cependant son échec presque complet a surpris les agriculteurs. Les très peu nombreuses sociétés de crédit fondées sous le régime de cette loi subsistent péniblement, et il n'en est pas dont le bilan annuel puisse soutenir la comparaison avec les bilans des premières années de la Société de Crédit de Poligny (1). Tout d'abord, la

(1) Voici quelques renseignements sur la Caisse syndicale de Crédit de Belleville-sur-Saône, empruntés au rapport de l'assemblée générale de 1896 : «Le capital de la société est actuellement de 6,000 fr., divisés en 60 parts de 100 fr. chacune, dont la moitié a été souscrite par le syndicat. La caisse a une marche régulière. mais jusqu'à présent il ne semble pas, à en juger par le nombre des emprunteurs, que nos populations sentent bien vivement le besoin de semblables institutions..... La caisse fonctionne depuis le mois de septembre 1895. Elle a reçu depuis cette date dix-huit demandes de prêts ; sept seulement ont été agréées et les sommes actuellement dues se montent à 1100 fr.». (Décembre 1896).

Les bilans des diverses sociétés syndicales de crédit ne sont guère plus florissants : la plupart de ces associations ne doivent de subsister encore qu'aux allocations qui leur ont été accordées sur le crédit de cinq millions voté à l'occasion de la grande sécheresse de 1893.

Nous devons pourtant signaler le succès exceptionnel qui a marqué l'institution du crédit agricole de la Société départementale d'encouragement à l'agriculture de l'Hérault (Union des syndicats agricoles de l'Hérault). Ce succès tient à des causes particulières, notamment à la vaste circonscription d'affaires de la société de crédit et à ce que les emprunteurs ne sont pas de petits agriculteurs, comme à Poligny, auxquels on prête jusqu'à 600 fr. seulement, mais en général de grands propriétaires ayant la possibilité du crédit chez les banquiers urbains, qui ont trouvé préférable d'organiser, sous le régime de la loi de 1894, un établissement de crédit fonctionnant tout en leur faveur. De plus, la Société de crédit agricole de Montpellier a traité jusqu'à maintenant avec tous les agriculteurs syndiqués de l'Hérault *sans exiger d'eux qu'ils soient propriétaires d'une part du fonds social,* ce qui est contraire au principe des sociétés mutuelles.

Quoi qu'il en soit, voici quelques renseignements sur cette société : Le

loi de 1894 est mauvaise en ce qu'elle tend à instituer le crédit agricole *pour les syndicats* et ne se préoccupe pas d'organiser le *crédit agricole général*, écartant ainsi d'emblée tous les agriculteurs non syndiqués (1). Le projet de 1890 allait même plus loin : partant de cette idée que les syndicats professionnels agricoles sont tout désignés pour propager le crédit, M. Méline proposait d'autoriser la création d'associations de crédit sous la forme si simple des syndicats; dont les formalités de constitution auraient été celles de la loi du 21 mars 1884. La Commission, puis le Parlement repoussèrent cette dérogation aux principes posés par la loi de 1884 et votèrent la loi du 5 novembre 1894 qui doit être considérée comme une simple addition à la loi de 1867 sur les sociétés à capital variable et qui réglemente spécialement les sociétés coopératives de crédit agricole.

M. Louis Durand, président de l'*Union des Caisses rurales*, a fait de cette loi une violente critique, que nous devons reproduire pour en relever impartialement les erreurs et les exagérations : «La loi a six articles, dont le dernier est malheureusement trop clair (2). Les cinq

---

Crédit agricole de l'Hérault a été créé avec un capital de 20.000 fr., répartis en 200 parts de 100 fr., sur lesquels le quart a été versé ; le capital est aujourd'hui de 21.500 fr., répartis, en 215 parts, entre les mains de 56 sociétaires. Voici les résultats obtenus :

1er exer.	(6 mois)	Prêts portant sur	199 valeurs :	70.579 f. 70.	Bénéf.	492 f. 10
2e —	1896	—	870	—	405.981 » 27.	—	918 » 32
3e —	1897	—	998	—	737.056 » 91.	—	1.641 f. »

Nous empruntons ces derniers renseignements à un article de M. Astier : Un Essai de crédit agricole dans l'Hérault. *Bulletin de la Société départementale d'encouragement à l'agriculture de l'Hérault*, janvier 1898.

(1) Pourquoi ne pas admettre les producteurs agricoles non syndiqués, au même titre que les syndiqués, au bénéfice de cette loi et les obliger à adopter le régime plus sévère de la loi de 1867 ?

(2) L'article 6 de la loi du 5 novembre 1894 punit d'une peine correctionnelle et de la dissolution toute violation des statuts.

autres sont hérissés d'obscurités ou, ce qui est pire, d'impossibilités.

»Je mets au défi de faire fonctionner une société sans violer plus ou moins cette loi. Je connais les statuts de plusieurs sociétés fondées sous ce régime : je n'en connais pas qui soient régulières. Combien y en a-t-il qui, adoptant la responsabilité limitée, ont déposé leurs statuts chez un notaire ? Peut-être pas une seule. Combien y en a-t-il qui aient fixé *par leurs statuts* le taux de leur escompte ? Peut-être pas une seule.

»Il y a même une société dont on a parlé avec éloge au Parlement ; on n'a cité qu'une clause de ses statuts et on l'a recommandée comme un modèle à suivre, mais justement cette clause est contraire à la loi : elle suffit à faire encourir aux fondateurs de la société une amende de 500 à 10.000 fr. ! Cette société a, en effet, émis des parts de 20 fr. Or, aux termes de l'article 1er de la loi de 1867, modifiée par la loi du 1er août 1893, il est interdit d'émettre des actions inférieures à 25 francs.... Mais ce qu'il y a de piquant, c'est que le fondateur de cette société qui se trompe dans l'application de la loi de 1894, c'est M. Méline lui-même. Si l'auteur de la loi ne parvient pas à se mettre en règle avec elle, comment feront les autres» (1) ?

En ce qui concerne la Société de crédit de Remiremont, la critique de M. Louis Durand est mal fondée : il est vrai que les lois de 1867 et de 1893, auxquelles la loi de 1894 emprunte toutes les dispositions qui ne sont pas contraires aux siennes (2), interdisent l'émission d'actions inférieures à 25 fr. ; mais où M. Durand

(1) *Revue de Paris*, 1er nov. 1897, *art. cit.*

(2) *Annuaire de législation française*, 1895, p. 92.

a-t-il vu que cette société ait émis *des actions?* Nous lisons, en effet, dans le compte rendu officiel du *Concours entre les syndicats agricoles au Musée social*, que la Société de Remiremont «a été fondée, le 30 juin 1895, au capital de 17.000 francs, *représenté par 850 parts de 20 francs*, réparties entre 210 sociétaires» (1). Le capital social est représenté par des *parts* et non par des *actions*. Et l'article 1er § 3 de la loi de 1894 s'exprime très clairement sur ce point : «Le capital social *ne peut être formé par des souscriptions d'actions*. Il pourra être constitué à l'aide de souscriptions des membres de la société ; ces souscriptions *formeront des parts qui pourront être de valeur inégale;* elles seront nominatives et ne seront transmissibles que par voie de cession aux membres du syndicat et avec l'agrément de la société».

On peut nous objecter, il est vrai, que la différence établie par la loi de 1894 entre les *actions* et les *parts*, qu'elle semble créer de toutes pièces, est malaisée à apercevoir, qu'elle existe en réalité seulement dans les expressions employées par le législateur. Cette objection sérieuse fut présentée par M. Etcheverry (2), lors de la discussion du projet de loi à la Chambre des députés : M. Mir, rapporteur, essaya de justifier la distinction ainsi formulée dans l'article 1er, mais il convint finalement que la discussion portait sur une simple «question de mots». L'article 1er du projet de loi fut néanmoins voté. Nous voulons essayer de démontrer que cette discussion porte plus que sur des mots et que les *parts* ainsi créées par

(1) *Statuts de la Société de Crédit mutuel de Remiremont*, art. 5 : «Le capital social de fondation est fixé à la somme de 17.000 francs, *divisée en parts de 20 francs*».

(2) *Journal Officiel*. Débats. Ch. des dép. (séance du 20 juin 1892).

la loi du 5 novembre 1894 sont des titres parfaitement distincts des actions, ayant des caractères spéciaux, tout à fait personnels.

Dans les sociétés, le capital social est formé par les *apports* des différents membres de la société : ces apports portent le nom générique de *parts* et prennent le nom spécifique d'*actions* ou d'*intérêts,* suivant la nature de la société.

Dans les sociétés de crédit agricole, la loi donne aux apports le nom spécifique de *parts.* Or, ces apports, s'il s'agit de déterminer leur nature, se distinguent, d'après la loi elle-même, des actions ou des intérêts par cet élément essentiel qui leur fait défaut : la caractéristique de l'action ou de l'intérêt est de *donner à l'associé le droit à une part proportionnelle dans les bénéfices,* tandis que *l'apport dans les sociétés de crédit agricole est rémunéré par l'intérêt de l'argent au taux convenu dans les statuts* (art. 3, § 2), et les bénéfices, après les différentes répartitions dont parle l'article 3, vont aux différents membres non plus proportionnellement à leur apport, mais proportionnellement aux opérations faites avec la société.

Il est donc difficile de dire que *la part* est une *action* (d'ailleurs la loi dit le contraire dans l'article 1er, § 3) et on ne peut pas lui donner le nom d'*intérêt.* On voit bien quel est le caractère qui fait défaut à la part, mais il est bien difficile d'en donner une définition exacte qui la sépare de l'action et de l'intérêt, d'autant que la responsabilité des apporteurs de parts doit se trouver déterminée par les statuts. La loi dit, en effet (art. 2, § 3), que les engagements de la société rejaillissent sur les apporteurs à la manière d'associés en nom collectif ou de commanditaires.

On pourrait, toutefois, définir *la part* dans les sociétés de crédit agricole « *l'apport fait par chacun des membres pour former le capital social ne donnant droit qu'à l'intérêt convenu de l'argent sans participation aux bénéfices et tenu des charges sociales avec, suivant les statuts, recours ou non contre les apporteurs sur leur fortune personnelle* ».

Nous ne voyons pas davantage énoncée dans aucun article de la loi de 1894 l'obligation pour les sociétés de crédit mutuel, quel que soit leur mode de constitution, de déposer leurs statuts chez un notaire : nous avons déjà rapidement énuméré les formalités exigées, notamment *le dépôt des statuts au greffe de la justice de paix*, et nous ne connaissons pas de société de crédit qui ait violé la loi sur ce point, mais aucune disposition n'édicte le dépôt de ces mêmes statuts chez un notaire.

Les critiques les plus sérieuses adressées par M. Louis Durand à la loi de 1894 ne sont donc pas justifiées ; mais nous reprocherons à cette loi d'être inutile, car il était antérieurement possible de constituer, sans grands frais, des sociétés de crédit mutuel, soit sous la forme de sociétés civiles, soit sous la forme de sociétés à capital variable, ainsi qu'ont procédé les Sociétés de Senlis et de Poligny par exemple, soit même sous la forme de Caisses rurales imitées des caisses allemandes. Nous lui adresserons pourtant une critique, celle d'avoir édicté en faveur des sociétés syndicales de crédit agricole de nouvelles dérogations au droit commun : le législateur de 1867 avait cru devoir favoriser la formation et le fonctionnement des sociétés à capital variable d'un régime de faveur et de protection, cette législation eût dû suffire, et nous regrettons profondément de voir se restreindre chaque jour le domaine du droit commun par l'effet de lois de privilèges réclamées par les diverses catégories de citoyens.

Ce n'est pas dans les termes de la loi de 1894 qu'il faut rechercher les raisons de son échec à peu près complet, mais plutôt dans l'apathie générale, dans l'indifférence des agriculteurs, et cela apparaît nettement si l'on considère le nombre peu élevé des créations de sociétés syndicales de crédit mutuel agricole. Le chiffre de 75 donné par M. Méline à la Chambre des députés, le 17 juin 1897, est notoirement exagéré : il en existe actuellement une quinzaine au maximum, notamment à Aix, Amiens, Belleville-sur-Saône, Besançon, Épinal, Foix, Genlis, Gray, Montpellier, Nimes, Remiremont, etc...

On a reproché à la Société de Crédit mutuel de Poligny de n'avoir pas fait de la coopération véritable en divisant les actionnaires en sociétaires et en fondateurs qui, par leur renonciation volontaire aux services de la société, deviennent de réels membres bienfaiteurs. Cette objection est fondée, et nous sommes d'avis, en effet, que *les sociétés coopératives ne doivent comprendre qu'une seule espèce d'adhérents, tous égaux, ayant mêmes droits et mêmes devoirs*. Il est à craindre que les actionnaires bienfaiteurs des sociétés coopératives du type du Crédit mutuel de Poligny, qui restent légitimement au Conseil d'administration et disposent ainsi d'une grande autorité, ne détournent la Société de sa voie véritable pour en faire un instrument à leur usage, une œuvre de coterie. C'est, sous une nouvelle forme, l'objection que nous adressions plus haut aux caisses rurales fondées ou dirigées sous l'influence du clergé. Cet écueil est facilement évitable, et, dans l'espèce du Crédit mutuel de Poligny, nous pensons que l'admission d'une seule classe d'actionnaires n'eût pas nui à la prospérité de la Société; tout au plus, la réalisation plus difficile du capital aurait-elle peut-être ralenti, au début, le fonctionnement de cette institution.

Quoi qu'il en soit, cette banque agricole mutuelle, dont les services ont beaucoup aidé et favorisé l'agriculture de la région de Poligny, démontrait suffisamment aux syndicats, par son succès, la possibilité de l'organisation du crédit par les associations agricoles. Non pas que les syndicats dussent copier servilement cette institution: il leur appartenait, au contraire, d'instituer des types différents d'établissements de crédit, appropriés aux besoins de chaque région, aux exigences des différentes cultures, et de la multiplicité des expériences ainsi tentées il eût été aisé alors de dégager les meilleures institutions propres à réaliser et à propager le crédit agricole. Peut-être alors la loi fût-elle intervenue avec plus d'à-propos que la loi de 1894 pour favoriser la création de l'institution répondant le mieux aux besoins de l'agriculture. Cette loi de 1894 n'a pas été une contribution utile à l'organisation du crédit, elle l'a peut-être même entravée, en détournant l'initiative des associations agricoles de tentatives intéressantes pour lesquelles, en tous cas, la législation déjà existante suffisait amplement. « On a tenté quelques essais d'organisation qui ont été tous malheureux. Pourquoi ont-ils été malheureux et pourquoi n'avons-nous pas avancé d'un pas, depuis quarante ans, dans la question du crédit agricole? Cela tient uniquement, à mon avis, à ce que nous avons fait fausse route. Nous nous sommes obstinés à vouloir organiser le crédit agricole par en haut; nous rêvons le crédit agricole sous forme d'un grand organisme financier aspirant tous les capitaux du pays et les déversant comme une manne jusqu'au fond de nos campagnes. Eh bien, c'est la plus fausse des conceptions» (1). Ces paroles sages sont aussi vraies aujourd'hui qu'en 1892 et nous n'avons tenu à les citer textuellement que pour établir le contraste entre l'opinion et la conduite de M. Méline. Comment, dès lors, expliquer tous les efforts de M. Méline pour faire voter la création de banques agricoles subventionnées par l'État? On peut l'expliquer très innocemment, sans chercher de raisons d'un ordre tout pratique, par le désir de sauver, d'empêcher l'échec complet des associations syndicales de crédit fondées sous le régime de la loi de 1894. Désir légitime d'auteur, sans doute? Mais une question importante se pose alors, celle de l'intervention de l'État dans l'organisation d'un crédit agricole, et subsidiairement, si cette intervention doit se manifester par un secours pécuniaire, aussi considérable que celui proposé, de l'État aux sociétés de crédit agricole.

Divers projets ou propositions de loi sont actuellement à l'étude tendant à organiser le crédit agricole et à réglementer les allocations faites aux nouvelles banques de l'agriculture sur les sommes avancées à l'État et affectées à cet objet par la loi portant renouvellement du privilège de la Banque de France. Nous ne pouvons, dans une théorie du crédit agricole aussi générale que la nôtre, étudier successivement ces projets, et il importe peu, dans l'examen de la légitimité de l'intervention de l'État en matière de crédit agricole qui nous occupe en ce moment, de rechercher s'il est préférable d'instituer soit une *Banque centrale de l'agriculture* (2)

---

(1) *Journal Officiel.* Doc. parl. Ch. des dép., 1892, p. 826.

(2) En 1892, M. Jules Roche, ministre des finances, institua une Commission chargée d'étudier l'organisation du crédit pour les ouvriers et pour les

analogue à la Banque de France, soit plusieurs *Banques régionales*, situées dans les divers centres agricoles de la France. (Voir, dans les *Annexes*, le texte du projet de loi ayant pour objet l'institution de caisses régionales de crédit agricole mutuel, adopté *d'urgence* par la Chambre des députés le 31 mars 1898). L'utilité de ces banques

---

agriculteurs. La Commission fut favorable à cette organisation et conclut à l'établissement d'une Banque centrale de crédit populaire et agricole qui devait avoir pour coopérateurs les syndicats professionnels transformés pour pouvoir faire des opérations de crédit. La proposition de loi de 1890 déposée par M. Méline, depuis loi du 5 novembre 1894, avait pour objet de modifier en ce sens la loi de 1884 et de permettre cette transformation des syndicats agricoles.

Les conclusions de la Commission de 1892 furent reprises en 1894 par M. Develle, alors ministre de l'agriculture, qui proposa d'introduire dans le projet de loi Méline la création d'une Banque centrale placée au-dessus des sociétés de crédit mutuel et destinée à recueillir les billets souscrits et portant l'aval d'une de ces caisses, à les escompter dans des conditions favorables jusqu'au moment où elle pourrait les faire escompter par la Banque de France, c'est-à-dire à trois mois de date. L'idée d'une Banque centrale de l'agriculture a trouvé quelque faveur en France et a été défendue énergiquement par certains auteurs. Voir notamment : F. Bernard. *Une Banque de l'agriculture*. Montpellier. C. Coulet, 1897.

En Allemagne, une Banque centrale, destinée à faciliter les opérations des associations coopératives de crédit, a été fondée, avec un capital de cinq millions de marks, par la loi du 31 juillet 1895 ; ce capital a été porté à vingt millions par la loi du 8 juin 1896.

En Russie, la Banque impériale, qui est comme une branche de l'administration des finances, a institué depuis l'adoption de ses nouveaux statuts, en 1894, le crédit industriel et agricole. Les prêts aux petits agriculteurs ne sont pas consentis directement par la Banque : entre elle et les petits agriculteurs existent divers intermédiaires (assemblées provinciales, associations de crédit, sociétés ou compagnies mutuelles et même des particuliers inspirant toute confiance) qui assument la responsabilité entière des sommes qui leur sont concédées par la Banque de l'Empire pour effectuer des prêts. Et néanmoins le petit crédit n'a pu être réalisé que sur quelques points seulement du vaste empire, parce que les intermédiaires admis par la Banque étaient trop peu nombreux ou trop peu sérieux. En 1894, en effet, d'après les statistiques officielles, 764 associations de prêt ou d'épargne fonctionnaient seulement et 746 avaient sombré parce que leur capital était souvent fictif, les paysans ne pouvant effectuer les apports auxquels ils s'étaient engagés. L'organisation de ces sociétés mutuelles fut alors

agricoles chargées de faciliter les opérations des sociétés syndicales de crédit (ou des caisses rurales?) (1), qu'il s'agisse d'une banque centrale ou de banques régionales, est actuellement très contestable. «Ne pas créer de Banque centrale (ou de banques régionales), écrit M. Pochon, c'est mettre les caisses rurales dans la nécessité d'emprunter à quatre-vingt-dix jours, délai beaucoup trop court pour l'agriculteur, ou les obliger à conserver les billets souscrits et à voir rapidement absorbé leur capital souvent modeste» (2). Nous savons, au contraire, que les sociétés de crédit agricole fonctionnant actuellement s'en passent et rendent leur création inutile par leur entente soit avec la Banque de France [Crédit mutuel de Poligny (Jura),

---

révisée et réglementée par le Ministre du Trésor, en même temps que des banques rurales étaient créées. Le capital de ces nouvelles banques leur est avancé par la Banque impériale, qui doit être remboursée sur les bénéfices et qui a pour gage la garantie solidaire et indéfinie de tous leurs membres. De plus, toutes les institutions de crédit mutuel sont tenues de communiquer leurs livres d'affaires à chaque réquisition du Ministre des Finances.

[Un premier crédit de 32.000 fr. a été affecté à la surveillance, par les agents de l'Etat, des banques de petit crédit, imitées des caisses Schulze-Delitzsch et Raiffeisen. *Bulletin de l'Office du Travail*, juin 1886].

Malgré les intermédiaires ainsi établis entre la Banque de Russie et les petits emprunteurs, les prêts ne sont consentis que si l'emprunteur satisfait aux conditions imposées par la Banque ; il doit notamment indiquer expressément dans sa demande l'objet auquel il destine son emprunt. Cela n'est pas une simple formalité : l'Etat entend surveiller réellement l'emploi de son argent et pouvoir l'arrêter si l'emprunteur ne satisfait pas au contrat.

Il est difficile de juger encore les résultats de cette organisation récente. Nous formulerons les mêmes craintes que l'auteur du rapport auquel nous empruntons ces renseignements exprime relativement aux difficultés qu'éprouvera le Gouvernement pour exercer sur ses emprunteurs une surveillance continuelle par des fonctionnaires. *Bulletin du Ministère de l'agriculture*, 1895. Verstraete. Rapport sur le crédit industriel et agricole en Russie.

(1) Le texte du projet de loi du gouvernement paraît admettre que les caisses rurales pourront être membres des caisses régionales. Mais on ne sait encore les conditions qui seront imposées aux sociétés locales.

(2) Pochon. *Les Syndicats agricoles*. Caen, 1894.

Banques agricoles de Saint-Florent (Cher), de Genlis (Côte-d'Or), de Senlis, du Syndicat d'Indre-et-Loire], soit avec des banques particulières [Crédit mutuel de Besançon, Syndicat agricole des Deux-Sèvres], soit avec une grande société financière, tel l'accord intervenu entre la succursale de la Société générale à Montpellier et la Société de Crédit agricole de l'Hérault.

Le projet de loi sur les banques régionales de M. Méline, qui fut lié avec le projet de loi portant renouvellement du privilège de la Banque de France, va beaucoup plus loin, en dotant les banques agricoles futures des sommes avancées ou dues à l'État par la Banque de France : cette dernière doit payer une redevance proportionnelle au chiffre de ses affaires et qui ne peut jamais être inférieure à *deux millions ;* elle doit, de plus, avancer à l'État, sans intérêts, une somme de *quarante millions* qui lui seront remboursés à la fin de son privilège (convention du 31 octobre 1896 approuvée par la loi du 17 novembre 1897). Un article additionnel de cette loi stipule que ces sommes seront affectées aux établissements de crédit agricole visés dans le projet de loi déposé par M. Méline. Il ne s'agit donc plus maintenant, comme en 1890 et en 1894, de réglementer seulement la constitution et le fonctionnement des associations coopératives de crédit agricole : l'État est sollicité d'accorder son concours pécuniaire aux nouvelles institutions, et nous redoutons qu'il n'ait plus la force de le refuser.

Ce n'est pas la première fois que l'État est ainsi sollicité par les agriculteurs. Déjà, en 1848, de telles propositions furent émises par M. Lefour, inspecteur général de l'agriculture, puis par MM. Turck et Proudhon, et par M. Flandrin, qui soulevèrent de vives et longues discussions et furent finalement repoussées. M. Thiers soutint avec raison que l'État ne devait pas prêter exclusivement à une classe de contribuables sous peine de méconnaître l'égalité. « Si l'État, disait à cette même époque M. de Lanjuinais, doit les instruments de travail à l'agriculture, il les doit aussi au commerce et à l'industrie.... Si vous admettez le principe du prêt direct par l'État en faveur de telle ou telle classe de sa population, et par exemple en faveur de la moyenne propriété..., comment voulez-vous que ceux qui n'ont ni propriété ni capital ne vous demandent pas, à leur tour, les avantages du prêt direct et de l'intérêt réduit ? Quand vous avancez les instruments de travail à ceux qui sont relativement riches, comment voulez-vous que les pauvres ne réclament pas la même faveur ou plutôt la même justice » (1).

Plus tard, la loi du 28 juillet 1860 institua, il est vrai, une Société de crédit agricole avec un minimum d'intérêt garanti par l'État et parut ainsi démontrer que l'idée de l'intervention de l'État en faveur de l'agriculture ralliait alors la majorité des suffrages. En réalité, l'échec de cette Société était prévu, et, disait M. d'Esterno, membre de la Commission du Crédit agricole : « On savait qu'on n'obtiendrait aucun résultat, mais on se débarrassait d'une question fatigante. On était en droit de répondre à tous : Le crédit agricole existe, il n'y a plus à s'en occuper» (2). M. d'Esterno se trompait et le crédit agricole devait occuper longtemps encore le législateur.

En 1866, une commission extra-parlementaire fut constituée dont les travaux n'aboutirent pas ; puis, en 1879-1880, une nouvelle commission extra-parlementaire adopta

(1) *Moniteur Officiel*, 25 janvier 1849.

(2) Jeanneney. *Du Crédit agricole mobilier*. Besançon, 1889.

les conclusions de son rapporteur, M. Labiche, desquelles nous extrayons ces deux propositions, que l'on doit rapprocher des déclarations de MM. Thiers et de Lanjuinais :

1° Ni l'État, ni les départements, ni les communes, ne doivent directement s'immiscer dans les opérations de crédit au profit d'une industrie quelconque ;

2° L'État ne doit accorder aucun concours, *même sous forme de surveillance ou de contrôle*, aux établissements de crédit fondés dans l'intérêt de l'agriculture.

Ces principes si sages sont aujourd'hui complètement oubliés, ainsi qu'en témoigne le projet de loi déposé par M. Méline, président du Conseil et ministre de l'Agriculture, et voté *d'urgence* par la Chambre des Députés le 31 mars 1898, portant création de banques agricoles subventionnées avec les millions payés à l'État par la Banque de France.

Nous ne nous préoccuperons pas de rechercher en quoi ces subventions considérables de l'État peuvent être utiles aux sociétés actuelles de crédit agricole ou si au contraire, comme le prétend M. L. Durand, ces sociétés n'ont aucun intérêt à les recevoir. Mais nous sommes tout disposé à en nier la nécessité par ce que nous savons de leur fonctionnement jusqu'à maintenant. Nous avons vu, en effet, que toutes avaient évité l'écueil où se heurtent les banques agricoles d'épuiser leur capital en prêts à longue durée nécessités par l'agriculture par un accord avec les divers établissements locaux. Dès lors, nous sommes complètement fondé, invoquant encore les opinions de MM. Thiers, de Lanjuinais, Labiche et de la Commission extra-parlementaire de 1879-1880, à déclarer injuste et tout au moins inopportune toute intervention gouvernementale en matière de crédit agricole (1).

(1) En ce sens : Bry. *Cours élémentaire de législation industrielle*. Paris, 1895, p. 311.

Mais, outre les arguments que nous avons déjà invoqués en faveur de notre opinion, il en est un que nous croyons devoir reproduire, parce qu'il a été prévu et redouté par M. Méline lui-même, c'est qu'il sera bien difficile aux sociétés de crédit agricole de résister aux sollicitations politiques du gouvernement lorsque celui-ci aura seul le pouvoir d'accorder les subventions et d'en réclamer le remboursement ; les administrateurs de ces banques deviendront, bon gré mal gré, des agents électoraux et l'argent de l'État servira alors de source à la corruption électorale. «Ah ! j'en conviens, dans toutes les communes de France, il sera fort agréable d'être de la majorité. Si on est de la majorité, on aura de l'argent à discrétion. Quant à la minorité, qui sera trop souvent en dehors de ces faveurs, elle aura une consolation, celle de faire les frais de cette orgie financière, car il faut bien revenir à la réalité des choses. Qui donc supportera en dernière analyse les pertes colossales qui seront la conséquence inévitable de tous ces prêts de complaisance? Mais qui donc paiera cela ? Qui supportera les pertes? L'argent de l'État n'est-il pas l'argent de tout le monde, l'argent des contribuables ?... Vous vous garderez bien de dire aux agriculteurs que cet argent que vous leur donnerez avec tant de générosité apparente, c'est de l'argent que vous leur avez pris et que, si vous le dilapidez, ce sont eux qui comme contribuables paieront vos folies » (1). Il y a malheureusement plus que les agriculteurs qui paieront ces folies : M. Méline

(1) *Journal Officiel*. Déb. parl. Ch. des dép., juin 1897, p. 1552. Discussion du renouvellement du privilège de la Banque de France. M. Méline combat une proposition de M. Jaurès tendant à obliger la Banque de France à allouer 500 millions à l'Etat pour organiser le Crédit agricole.

paraît oublier qu'il y en France des commerçants, des industriels, des ouvriers, des employés, etc..., qui sont aussi des contribuables! Les agriculteurs eux-mêmes ont compris ce danger des subventions de l'État, et, pour le prévenir, l'Union centrale des Syndicats des agriculteurs de France, dans sa réunion plénière du 3 mars 1898, émettait, pour être soumis à M. le Ministre de l'agriculture, le vœu :

1° Que les caisses régionales ne puissent faire d'opérations qu'avec des associations de crédit mutuel agricole *et non* avec des individus ;

2° Que les caisses régionales ne fonctionnent pas comme sociétés locales de crédit mutuel agricole dans l'étendue de leur arrondissement et que leur circonscription ne soit pas limitée à l'avance par la loi.

Mais ce ne sont là que des vœux et deviendraient-ils des dispositions de la loi que l'esprit ingénieux de nos gouvernants les rendrait rapidement inefficaces.

L'agriculture française souffre de l'absence à peu près complète de crédit à elle spécialement destiné, c'est incontestable: mais elle a déjà démontré, par la création de nombreuses institutions locales, sociétés de crédit ou caisses rurales, qu'il était en son pouvoir de remédier elle-même à ce mal, et ce remède vraiment efficace est l'organisation d'associations mutuelles de crédit. L'État perdra ses subventions et n'organisera rien. Mutualité pleine de promesses, en vérité, que celle de sociétés où les membres n'auront qu'à se présenter pour puiser l'argent de l'État! La véritable mutualité, la mutualité effective, celle qui engagera réellement les associés les uns vis à vis des autres pour leur bien commun, peut seule donner une base solide aux placements des capitalistes et devenir le fondement sérieux du crédit agricole. Les agriculteurs se sont trop laissés séduire par le mirage des millions qu'on leur promettait au nom de l'État, et toute initiative s'est éteinte en eux : c'est un grand malheur. « Nous devons rester très défiants à l'égard de toutes les institutions qui pourraient paralyser l'esprit d'initiative et accroître cette anémie des volontés dont on se plaint aujourd'hui avec raison » (1). Les associations de crédit mutuel ne cesseront de prospérer lorsque, l'éducation des agriculteurs et des autres classes de la nation étant plus complète, les individus comprendront mieux leur folie de ne plus compter sur leur travail, sur leur propre initiative, et de solliciter aides, secours et bien-être uniquement de l'État. Aussi signalons-nous avec joie la résolution du IXe Congrès du Crédit agricole populaire, tenu à Lille du 4 au 7 avril 1897, sous la présidence de M. Eugène Rostand, qui repousse toute intervention de l'État et réclame la liberté d'action et l'indépendance des associations coopératives de crédit (2). Le rôle de l'État est d'assurer à tous la justice et la

---

(1) G. Blondel. *Réforme sociale*, 1er décembre 1897.

(2) Le Congrès :

Tout en constatant avec intérêt la faveur que l'Etat et le législateur témoignent, en Allemagne, au développement toujours plus étendu du crédit personnel à bon marché, faveur dont les lois du 31 juillet 1895 et du 8 juin 1896, créant et dotant une caisse centrale des associations, sont des indices ;

Réitère son avis qu'en France, la fondation d'une Banque centrale agricole à dotation d'Etat ou à garantie d'intérêt d'Etat serait : 1° une erreur économique comme excédant les limites des interventions légitimes de l'Etat et de nature à affaiblir encore l'esprit d'initiative et d'association libre, déjà si insuffisant dans le pays ; 2° une concession inopportune (en l'état actuel des faits) au socialisme d'Etat ; 3° une cause nouvelle de dépenses publiques qui s'élargirait infailliblement au détriment des finances de l'Etat ; 4° une organisation artificielle susceptible de faciliter l'éclosion d'associations non viables ou de soutenir le fonctionnement d'associations protégées par faveur politique, et de retarder la formation naturelle des

liberté, mais il dépasse ses droits et méconnaît son devoir lorsqu'il prétend intervenir au profit d'une classe de citoyens pour leur fournir des capitaux prélevés sur l'ensemble de la nation.

Le crédit ne résulte pas d'une loi ou d'un décret : il appartient aux agriculteurs de le créer, de l'organiser par les moyens qu'ils jugeront préférables ; peu importent les institutions, croyons-nous, pourvu que les agriculteurs s'inspirent, pour les créer, de la solidarité et de la mutualité.

Le Crédit agricole mobilier

Diverses mesures ont encore été proposées comme particulièrement propres à faciliter l'organisation du Crédit agricole *mobilier*. Nous employons à dessein cette expression : pour la clarté des rapides développements qui vont suivre, il importe en effet de distinguer ce crédit de celui dont nous nous sommes occupé jusqu'à maintenant, que l'on désigne à tort sous le nom de crédit agricole *personnel*, car lui aussi repose toujours sur un gage (récoltes, matériel d'exploitation, etc...). Mais la constitution de ce gage n'apparaît presque jamais et ce fait tend à faire paraître réelle et bien fondée cette division du

---

caisses centrales destinées à naître d'une croissance normale des associations coopératives locales ;

Conseille aux associations coopératives existantes de résister aux séductions de ce don, s'il leur était offert ;

Recommande de préférence, pour aider au développement des associations coopératives de crédit, de faire appel au concours des éléments sociaux éclairés et aisés.

IXe Congrès du crédit agricole populaire, tenu à Lille du 4 au 7 avril 1897, sous la présidence de M. Eugène Rostand. *Bulletin de l'Office du Travail*, n° de mai 1897.

crédit agricole en crédit personnel et en crédit mobilier; de plus, tandis que dans le crédit par les banques agricoles, caisses rurales, etc., la personne de l'emprunteur est un élément important, elle devient un élément complètement indifférent dans le crédit agricole mobilier que tendent à organiser les propositions de lois relatives aux warrants agricoles, aux magasins généraux, etc., où les biens sur lesquels l'agriculteur sollicite un emprunt sont seuls considérés. Malgré ce, nous le répétons, il n'y a pas une différence de nature entre le crédit agricole mobilier et le crédit agricole personnel, qui sont fondés tous deux sur la preuve démontrée de la solvabilité de l'emprunteur.

L'une des premières tentatives du législateur en matière d'organisation du crédit agricole mobilier a été l'œuvre de la Commission extra-parlementaire de 1879-1880 qui eut M. le sénateur Labiche pour rapporteur. Après maints tâtonnements, cette Commission eut à étudier un projet de loi sur l'organisation du crédit agricole mobilier présenté au Sénat par le gouvernement, le 20 juillet 1882. M. Labiche (rapport du 31 juillet 1883) groupe sous quatre titres les dispositions du projet de loi, savoir : 1° nantissement sans déplacement du gage; 2° restriction du privilège du bailleur; 3° subrogation de plein droit des privilèges mobiliers sur les indemnités dues par les compagnies d'assurances; 4° commercialisation des billets à ordre (1).

Durant plusieurs années, les discussions et les renvois d'une Chambre à l'autre des diverses parties du projet se

---

(1) *Annuaire de législation française*, publié par la Société de législation comparée. Paris, 1890, p. 49 et suiv.

succédèrent; finalement, ce grand projet de loi du crédit agricole aboutit à la loi du 19 février 1889 relative à la restriction du privilège du bailleur d'un fonds rural et à l'attribution des indemnités dues par suite d'assurances!

Le titre premier, relatif au nantissement sans déplacement du gage, fut tout d'abord écarté, le principe en ayant été repoussé par le Sénat. Nous verrons bientôt que ce principe sur lequel reposent la création et la négociation des warrants agricoles a été inséré récemment dans deux lois (1) accueillies cette fois avec une complète faveur.

De même, le Sénat rejeta le texte, définitivement adopté par la Commission, étendant la compétence des Tribunaux de commerce à l'action en paiement contre les signataires des billets à ordre énonçant une cause agricole, mais soustrayant les agriculteurs signataires à l'application des dispositions du livre III du Code de commerce sur les faillites et les banqueroutes. Le Sénat entendit ainsi affirmer sa volonté de ne plus édicter de dérogations aux règles ordinaires de la compétence, et il fut bien inspiré. Nous ne sommes pas opposé à l'adoption du principe de la commercialisation des engagements de l'agriculteur, mais nous demandons que l'on en admette en même temps toutes les conséquences et que les signataires des billets agricoles soient soumis, au même titre que les commerçants (2), aux obligations et aux sanctions de la loi commerciale (3).

---

(1) Loi du 1er mars 1898 sur le nantissement des fonds de commerce et projet de loi sur les warrants agricoles.

(2) «En Angleterre, les fermiers sont assimilés aux commerçants et régis par les mêmes lois. Ils y trouvent facilement dans les banques, qui sont nombreuses, le crédit qui leur est nécessaire.» Boullaire. *Annuaire de législation française*, 1895, p. 84.

(3) Bernard. *Les Systèmes de culture*, p. 176-178.

Dans quelle mesure la loi du 19 février 1889 a-t-elle favorisé l'extension du crédit agricole? Remarquons, tout d'abord, que si elle l'a favorisée, les fermiers seuls ont pu en profiter, alors que le projet de loi de 1882 visait l'organisation du crédit pour tous les agriculteurs sans distinction. Cette restriction du privilège du bailleur d'un fonds rural fut calquée sur la loi du 12 février 1872 restreignant le privilège du propriétaire à l'égard de son locataire commerçant failli. On n'avait eu qu'à se louer des bons effets de cette loi. N'était-il pas logique de penser qu'il en serait de même du projet de restriction du privilège du bailleur d'un fonds rural? Ces prévisions raisonnables ne se sont pas réalisées. Tout d'abord, le propriétaire rural, désormais protégé pour une période maxima de quatre années (1), s'est efforcé, et l'on ne saurait le lui reprocher, de faire suivre plus inexorablement les termes pour rendre réellement efficace le privilège que lui concède la loi; ainsi est limité par contre-coup le crédit dont était susceptible le fermier.

D'autre part, cette loi a nui aux intérêts généraux de l'agriculture, car les propriétaires, désireux d'être complètement protégés, se sont appliqués à réduire la durée des baux, et, de nos jours, les baux à long terme sont une condition de bonne culture: à une époque où l'agriculture intensive nécessite un capital d'exploitation considérable employé en coûteux amendements de toute nature, labours, défoncements, achats de machines perfectionnées, etc.,

(1) *Loi du 19 février 1889*, art. 1er, § 1er : « Le privilège accordé au bailleur d'un fonds rural par l'art. 2102 du Code civil ne peut être exercé, même quand le bail a acquis date certaine, que pour les *fermages des deux dernières années échues, de l'année courante et d'une année à partir de l'année courante,* ainsi que pour tout ce qui concerne l'exécution du bail et les dommages-intérêts qui pourront lui être accordés par les tribunaux.»

le fermier a besoin plus qu'auparavant de conclure de baux de longue durée qui lui permettront de recouvrer par l'amortissement le bénéfice des améliorations qu'il aura réalisées.

Néanmoins, nous considérons la loi de 1889 comme une amélioration sérieuse parce que nous estimons que tous privilèges doivent successivement disparaître d'une bonne législation. En ce qui concerne l'agriculture, il est certain que cette tendance à revenir aux baux de courte durée est regrettable en ce qu'elle empêche tout perfectionnement notable dans l'exploitation et fait abaisser le rendement ; mais il est probable que cet abaissement général des rendements déterminera, dans nombre de cas, la suppression du fermage et son remplacement par le faire-valoir direct du propriétaire. Or c'est là un résultat que nous ne saurions trop désirer et qui compenserait à lui seul les inconvénients actuels résultant de la loi du 19 février 1889.

L'organisation du crédit agricole mobilier paraît devoir être très facilitée par une loi, qui aura été votée certainement par le Sénat au moment où paraîtra cette étude, adoptant le principe du nantissement sans déplacement du gage comme base des warrants agricoles ; nous devons rapprocher cette loi d'une autre loi du 1er mars 1898 (1), fondée sur le même principe, établissant le nantissement des fonds de commerce, pour mettre en lumière une tendance nouvelle à généraliser l'hypothèque mobilière, jusqu'ici appliquée seulement aux navires (2). « Le

(1) *Loi du 1er mars 1898 :* « Tout nantissement d'un fonds de commerce devra, à peine de nullité vis-à-vis des tiers, être inscrit sur un registre public tenu au greffe du Tribunal de commerce dans le ressort duquel le fonds est exploité ».

(2) Lois du 10 décembre 1874 et du 10 juillet 1885.

législateur crée en réalité de toutes pièces un droit nouveau et approprié aux exigences de notre progrès commercial, on ne saurait que l'en féliciter » (1).

Nous avons vu qu'en 1883, le Sénat avait repoussé le principe du nantissement sans déplacement du gage : en 1897, s'inspirant de ce principe, M. Delaunay, député, déposa une proposition de loi tendant à la création de warrants agricoles, tandis que de son côté le gouvernement confiait l'élaboration d'un projet relatif au même objet à une sous-commission du Conseil supérieur de l'agriculture. Ces deux projets, favorablement accueillis par une commission parlementaire que présidait M. Viger, ancien ministre de l'agriculture, ont été fondus en un seul projet de loi, adopté d'urgence par la Chambre des députés le 31 mars 1898 (2).

Au cours de la discussion des articles de cette loi à la Chambre des députés, divers produits (fourrages secs, légumes secs, graines oléagineuses, etc...) ont été ajoutés à l'énumération des produits susceptibles de servir de gage au warrantage (art. 1er). Une autre adjonction

---

(1) *Lois nouvelles,* 15 mars 1898. Commentaire de la loi du 1er mars 1898.

(2) Voir, aux *Annexes*, le texte du projet de loi relatif à la création des warrants agricoles.

Ce projet de loi, venu à l'ordre du jour du Sénat (7 et 9 juin 1898), allait être voté lorsque la Commission du Sénat, qui s'était prononcée pour l'adoption pure et simple du projet voté d'urgence par la Chambre des députés, fut saisie d'un contre-projet émanant de M. Legludic et sollicita l'ajournement de la discussion à une séance ultérieure. Une nouvelle fois, le projet de loi sur les warrants agricoles allait affronter la discussion au Sénat, lorsque, le 15 juin, le Cabinet présidé par M Méline remit sa démission au Président de la République. Cette crise ministérielle vient d'aboutir, enfin, à la constitution d'un ministère présidé par M. Brisson, au moment même où nous mettons ces pages sous presse. Le projet de loi sur les warrants agricoles va donc être définitivement voté, et nous croyons devoir en maintenir le texte dans nos *Annexes*, aucune modification ne devant y être apportée, selon toutes probabilités.

avait été proposée, et c'est vraiment sur ce seul point qu'a porté toute la discussion, celle du bétail ; mais elle a été repoussée, grâce à l'opposition du président et du rapporteur de la Commission, M. G. Chastenet : « Il faut que le warrantage ne puisse s'appliquer qu'à des objets dont la forme, la qualité, la valeur, sont fixées d'une façon à peu près définitive. Or, qu'y a-t-il de moins stable et de plus aléatoire que le bétail? » (1). Il est vrai que sa valeur est excessivement variable d'un jour à l'autre, qu'elle est influencée par l'âge, la maladie et les épizooties qui parfois détruisent les troupeaux avec une rapidité foudroyante. Mais cette variabilité extrême de la valeur est vraie aussi pour nombre d'autres produits agricoles, pourtant compris dans l'énumération de l'article 1er : le vin, par exemple, n'est-il pas exposé à *casser*, à *tourner*? Aussi devons-nous accorder une valeur restreinte à cet argument. Mais il en est un autre, d'ordre purement juridique, invoqué par M. le Rapporteur de la Commission de la Chambre des députés, et que nous croyons irréfutable : c'est que, dans la plupart des cas, le bétail constitue dans les exploitations un immeuble par destination et, dès lors, ne peut plus être l'objet d'un warrant. «Qui dit warrantage, dit gage, et qui dit gage, dit objets mobiliers. Or, le bétail constitue presque toujours ce qu'on appelle un immeuble par destination. Dans ce cas, il peut bien faire l'objet d'une hypothèque, d'un privilège, mais non d'un gage proprement dit, et il ne peut être warranté».

Le nantissement sans déplacement du gage a été réalisé par la loi du 11 juillet 1851 sur les banques colo-

(1) *Journal Officiel*. Déb. parl. Ch. des dép. (session ordinaire), avril 1898, p. 1500.

niales, modifiée par la loi du 24 juin 1874, et les applications qui en ont été faites dans plusieurs de nos colonies ont donné des résultats tellement satisfaisants que l'on s'explique mal la résistance si longue du législateur à modifier l'article 2076 du Code civil et à autoriser la création des warrants agricoles dans la métropole.

Les banques coloniales ne pratiquent pas le warrantage des produits agricoles *récoltés, engrangés ;* elles accordent seulement la faculté de faire des emprunts sur récoltes pendantes (1). Il semble que les risques doivent être plus considérables pour elles, car les fruits pendants ne sont qu'une promesse et peuvent être détruits ; les statuts des banques parent suffisamment à ce danger, en limitant le maximum de chaque prêt au tiers de la valeur probable de la récolte, en sorte que la garantie du prêt est à peu près complète dans la plupart des cas, les prêteurs courant seulement le risque d'une destruction complète, totale, de la récolte. La loi elle-même invite les banques à la prudence et ne les autorise à accorder de prêts aux agriculteurs que durant les quatre mois qui précèdent la récolte, ce qui supprime déjà nombre de risques. « Le planteur qui veut profiter de cet avantage (d'un prêt) se rend au siège de la banque et il y déclare le nombre d'hectares qu'il a plantés en cannes ; la banque a des experts, elle les envoie visiter les champs des emprunteurs, s'assurer de la bonne venue des cannes, de la surface des terrains plantés et aussi de la moralité des prêteurs qui sollicitent cette avance de fonds. Lorsque toutes ces formalités ont été remplies, elle leur prête un tiers

(1) Girault. *Principes de colonisation et de législation coloniales.* Paris, 1895 ; — Rougier. *Précis de législation et d'économie coloniales.* Paris, 1895.

de la valeur de leurs récoltes futures, au taux de 6 o/o (1); ce prêt est garanti par l'acte de cession qui est un véritable transfert de propriété consenti à la banque » (2). Les agriculteurs coloniaux ont beaucoup usé de ces prêts sur récoltes pendantes, si avantageux pour eux. Le chiffre de ces prêts s'est élevé pendant l'année 1892-1893 :

Banque de la	Réunion	1.781.804 fr.
—	Martinique	3.615.552
—	Guadeloupe.	8.787.700
—	Indo-Chine (succursale de Saïgon)	178.225

Les formalités exigées (déclaration écrite chez le receveur de l'enregistrement, opposition des créanciers hypothécaires ou privilégiés dans un certain délai, etc.) ont été insérées avec de légères modifications dans le projet de loi sur les warrants agricoles.

Il semble donc que l'agriculture de la métropole ne puisse, elle aussi, retirer que des avantages de l'institution du warrantage agricole. Ces avantages sont relatifs les uns *à la vente* et les autres *au crédit ;* il convient de les constater en se gardant de toute exagération. D'abord, a-t-on dit, le propriétaire warrantant ses produits est désormais en mesure de mieux résister et de refuser les concessions exorbitantes que lui impose le commerce ; dans une certaine mesure, il pourra élever ses prétentions et tirer un meilleur parti de ses récoltes (3). Cela est fort contestable, sans que de part ou d'autre on puisse

(1) «Le taux est de 3 p. 100 par an à la Martinique, 6 p. 100 à la Guadeloupe et à la Réunion, 10 p. 100 en Cochinchine». Girault, *op. cit.*

(2) Pelagaud. *Rapport sur les banques coloniales.* Soc. d'Econ. pol. de Lyon, 1893.

(3) *Revue vinicole,* 22 décembre 1897.

rien affirmer ; mais il est probable que le commerce, en consultant les registres du warrantage à la justice de paix, connaîtra sur-le-champ les stocks existants, le chiffre de l'emprunt et la date de l'échéance pour chaque propriétaire emprunteur; il aura alors la possibilité d'attendre patiemment le moment où ce dernier sera obligé de vendre et d'accorder les concessions qu'il avait refusées tout d'abord. Par contre, au point de vue exclusif du crédit, l'institution est excellente en ce qu'elle permettra, en cas de mévente, aux producteurs embarrassés de leurs produits l'accès des banques mutuelles rurales (1).

On a proposé encore la création de magasins généraux, de docks-greniers, etc., où les producteurs pourraient emmagasiner leurs récoltes sur lesquelles des avances seraient faites qui leur permettraient d'attendre le moment propice pour les vendre. Un projet fut déposé, en 1897, par M. Martinon, député, tendant à la *création de docks-greniers et de certificats de dépôt de grains négociables.* « La proposition qui vous est soumise, disait son auteur, aura pour effet de mobiliser les récoltes et de permettre aux cultivateurs de réaliser tout ou partie de leur valeur, en leur conservant le droit et la possibilité de choisir le moment favorable pour la vente ». La création du warrantage sans déplacement du gage répondra mieux, croyons-nous, aux désirs des producteurs, surtout des petits producteurs agricoles ; il leur paraîtra préférable de réaliser un emprunt en conservant la garde de leur récolte, au lieu de s'en dessaisir en échange d'un certificat qui leur paraîtra de nulle valeur.

En Prusse, le gouvernement a favorablement accueilli

(1) Convert. Le Crédit viticole. *Annales de la Société des viticulteurs de France et d'ampélographie*, 1898, nº 1.

une proposition semblable et il consacre actuellement trois millions de marks à la construction d'entrepôts de céréales qu'il louera à des associations rurales (1).

Mais si, comme certains le proposent, l'on s'obstinait à vouloir instituer en France de tels organismes malgré la création du warrantage, nous condamnerions ici encore l'intervention de l'État. Il s'agit là, somme toute, de créer une nouvelle forme commerciale perfectionnée ayant pour objet exclusif les intérêts privés des agriculteurs ; c'est donc, selon nous, aux associations agricoles qu'il appartient d'étudier l'organisation de ces établissements. Les syndicats agricoles sont tout désignés pour entreprendre cette étude et aider la formation entre les intéressés de sociétés coopératives dont l'objet sera de créer et de faire fonctionner cette institution pour le plus grand profit des agriculteurs.

(1) D'après M. Ch. Brouilhet. *In :* Blondel. *Etudes sur les populations rurales de l'Allemagne et la Crise agraire*. Paris, 1897.

DEUXIÈME PARTIE

LA FÉDÉRATION AGRICOLE

CHAPITRE PREMIER

Les Unions de syndicats agricoles

Caractères nouveaux du mouvement syndical agricole. — Le mouvement agrarien. — Progression des associations agricoles depuis la loi du 21 mars 1884.

L'Union centrale ou nationale des syndicats agricoles; les Unions départementales; les Unions régionales ou provinciales. — Syndicats spéciaux nationaux.

La Fédération agricole.

Le mouvement vers l'association agricole est un phénomène remarquable qui s'impose de nos jours à l'évidence par sa puissance et par sa force ascensionnelle ininterrompue. Ce qui est plus intéressant à signaler, c'est que, sans en entraver le développement régulier, les caractères de ce mouvement, assez confus à l'origine, se sont, durant ces dernières années, transformés, ou plutôt qu'ils ont été de plus en plus nettement dégagés de la diversité des idées et des intentions qui donnèrent naissance aux premiers syndicats. Parmi les propriétaires ruraux que la confiance de leurs coassociés appela à leur direction se trouvèrent des hommes éminents qui, devant la fortune inattendue et la prospérité croissante des associations agricoles, comprirent vite que ces nouveaux groupements, dus à la libre initiative des agriculteurs, constituaient des forces éparses qui, habilement coordonnées et disciplinées, pouvaient devenir un organe puissant dans l'État et imposer à ce dernier, dans une certaine mesure, une direction déterminée dans la vie politique et économique du pays. Ainsi se dégagèrent les caractères de l'association agricole moderne que nous analyserons dans les derniers chapitres de cette étude.

Durant les premières années qui suivirent le vote de la loi sur les associations professionnelles, des syndicats agricoles se constituèrent dans les diverses régions agricoles, rapidement nombreux, certains tout de suite puissants; malgré ce, on n'avait pas encore conscience de ce qu'on appelle de nos jours le *mouvement agricole* ou le *mouvement agrarien*, c'est-à-dire de cet ensemble coordonné d'idées, d'opinions, de revendications surtout, discutées et votées par toutes les associations d'agriculteurs, indiquées ou imposées à l'État, dont l'agriculture a obtenu successivement tant de dispositions législatives qui ont bouleversé les conditions de la vie économique générale et amélioré sensiblement la situation des propriétaires ruraux. En réalité ce mouvement n'existait pas; l'unique ambition commune aux premières associations agricoles était de rendre à leurs adhérents des services matériels résultant de la centralisation des achats. Et si quelques syndicats, conscients de leur puissance dans leur circonscription, essayèrent d'y jouer un rôle politique ou économique, ces tentatives isolées ne pouvaient être considérées comme se rattachant les unes aux autres;

parce qu'elles furent le plus souvent inspirées par des idées différentes et ne tendirent pas à un même but.

Il n'en devait pas être ainsi longtemps. Dès 1886, alors que le nombre des syndicats agricoles s'élevait seulement à 93, l'*Union des Agriculteurs de France* était fondée, qui se proposait d'imprimer une impulsion nouvelle à la constitution des associations agricoles, en stimulant les initiatives locales, leur fournissant des projets de statuts, etc..., et de les diriger, sous le prétexte de leur donner des avis ou des conseils. Aussi, le nombre des syndicats agricoles s'éleva-t-il, dès lors, dans des proportions considérables, sous l'influence de la propagande de l'Union.

Situation des syndicats agricoles de 1884 à 1897
(au 1er juillet de chaque année) (1)

ANNÉES	NOMBRE des syndicats agricoles	DIFFÉRENCE en plus d'une année sur l'autre	NOMBRE des adhérents	DIFFÉRENCE en plus d'une année sur l'autre
1884	5	»	»	»
1885	39	34	»	»
1886	93	54	»	»
1887	214	121	»	»
1888	461	247	»	»
1889	557	96	»	»
1890	648	91	234234	»
1891	750	102	269298	35064
1892	863	113	313800	44502
1893	952	89	353883	40083
1894	1092	140	378750	24867
1895	1188	96	398048	19298
1896	1275	87	423492	25444
1897	1371	96	438596	15104

(1) Ces chiffres sont empruntés, pour les années 1884 à 1895, à la *Statistique agricole de la France* (résultats de l'enquête décennale de 1892) publiée par le Ministère de l'agriculture (1897), et pour les années 1895 à 1897, au *Bulletin de l'Office du Travail.*

L'Union restait en communication constante avec les syndicats unis, s'efforçait de diriger leur action vers un but commun et ainsi contribuait beaucoup à la formation d'un parti rural. Mais lorsque, avec le nombre croissant des syndicats, toute la puissance effective de l'association agricole se trouva naturellement portée au siège de l'Union, les syndicats eurent conscience de n'avoir été jusqu'alors que des éléments secondaires, négligés parce qu'ils se trouvaient trop éloignés du centre de l'action, et ils manifestèrent le désir de jouer un rôle actif. C'est à ce moment que se fit jour l'idée de groupements de syndicats ayant une circonscription déterminée et constituant un nouveau degré de l'association, degré intermédiaire entre le syndicat et l'Union centrale des agriculteurs de France. La constitution de ces nouvelles Unions fut aussi favorisée par les défectuosités de l'organisation première des syndicats que leur fonctionnement ne tarda pas à révéler.

Au début, l'idée d'association trouvant peu de faveur chez les agriculteurs, les fondateurs des premiers syndicats, pour faire œuvre durable, s'efforcèrent de constituer des syndicats à circonscription assez vaste, syndicats départementaux ou d'arrondissement, pour être sûr de réunir un nombre d'adhérents assez élevé. Le succès répondit à leur attente, parce qu'aucun obstacle ne pouvait les entraver : l'objet de ces associations étant alors fort simple et limité, en général, à la seule centralisation des achats. Plus le nombre des adhérents était grand et plus les avantages inhérents à la coopération de consommation devaient être appréciables. Mais les défauts de cette organisation devaient apparaître, lorsque l'idée de l'association dans l'agriculture, dépouillant sa première et rude conception, fit découvrir en elle les idées de mutualité, de solidarité, qui devaient être la base indispensable des nombreuses institutions économiques et sociales susceptibles de faire naître la prospérité. Dans ces syndicats étendus, en effet, notamment en matière de crédit, l'agriculteur était tout aussi inconnu et partant suspect à l'administration du syndicat qu'au banquier urbain. La mutualité et la solidarité ne peuvent s'établir et se fortifier qu'entre individus se connaissant bien, pouvant se voir et se surveiller même au jour le jour, et, dans l'espèce, la supériorité de groupements cantonaux, ou mieux encore de groupements communaux lorsqu'ils étaient possibles, était évidente sur les syndicats à vaste circonscription. Par contre, au point de vue de l'organisation commerciale, les petits syndicats présentaient l'inconvénient de ne centraliser qu'un nombre restreint de commandes, et, ne pouvant alors exiger de leurs fournisseurs de sur-remises considérables, ils n'offraient plus à leurs adhérents de conditions bien avantageuses pour l'acquisition des produits et denrées nécessaires à l'agriculteur.

La création des Unions de syndicats devait permettre de faire disparaître ces inconvénients, en assurant aux associations agricoles la possibilité de leur développement normal, et aussi de donner satisfaction à l'ambition des syndicats, ou du moins de leurs représentants, désireux de jouer un rôle apparent et utile aux intérêts agricoles dans leur région. Désormais, en effet, les petits syndicats communaux pouvaient se constituer avec l'espérance de rendre des services par la création d'associations mutuellistes diverses, sans craindre la concurrence des grands syndicats ; d'autre part, au siège de chaque

Union, un office était constitué qui centralisait les demandes collectives des syndicats adhérents ; cet office avait ainsi un chiffre d'affaires à traiter supérieur à celui des plus grands syndicats et permettait aux petits syndicats d'assurer à leurs membres les mêmes avantages matériels que leurs puissants concurrents. En outre, les petits syndicats conservaient une vie propre dans leur rayon déterminé, pouvaient fonder telles institutions de mutualité qu'il leur plaisait en y intéressant tous leurs membres, qui pouvaient en surveiller, à tout instant, l'administration. L'Union, enfin, mettait tous les syndicats existant dans sa circonscription dans la quasi-nécessité de s'affilier pour jouir des grands avantages qu'elle réalisait et, se les attachant par les liens de l'intérêt, pouvait leur imposer plus facilement ses vues et sa direction.

Cependant les Unions décentralisatrices ne trouvèrent pas immédiatement leur formule définitive. Les premières constituées furent des Unions départementales, telles les Unions des syndicats agricoles de la Drôme, du Jura, de la Côte-d'Or, etc... ; leur prospérité fut toujours médiocre, parce qu'elles se confondaient trop avec les grands syndicats départementaux et constituaient une base de décentralisation trop étroite.

Quelles limites fallait-il donc leur assigner ? On songea alors à s'inspirer, dans la création des Unions de décentralisation, des intérêts agricoles spéciaux et communs à chaque région, dont chacune aurait la défense ; chaque Union devait donc refléter un aspect particulier, propre à sa circonscription, et faire ressusciter, pour la défense de l'agriculture, l'ancienne division de la France en provinces. Ce devait être, en effet, la formule définitive des Unions de syndicats. Le cadre théorique de l'association agricole en France était tout tracé, il fallait en poursuivre la réalisation, l'emplir complètement et, cela fait, la *Fédération agricole française* serait constituée (1).

Au sommet, la clef de voûte de tout l'édifice, l'*Union centrale des Agriculteurs de France*, constituant illégalement, mais constituant réellement l'*Union des Unions;* immédiatement au-dessous, les *Unions régionales* ou provinciales, parfaitement délimitées et formant un réseau complet sur le territoire de la France ; enfin, les *syndicats agricoles*, agissant chacun dans sa sphère propre pour satisfaire aux besoins locaux de ses adhérents, mais attendant des groupements supérieurs le mot d'ordre pour l'action générale (2). «Les syndicats agricoles ont formé un véritable organisme fédéral, où se concilient la diversité des fonctions et l'unité du but. Ils ont partagé la France en *régions*, dont chacune correspond à des formes et à des conditions analogues de la culture et sert de siège à une Union spéciale. Les Unions régionales, à leur tour, viennent se grouper en l'Union centrale ou nationale qui a son siège à Paris, et qui forme ainsi une représentation officieuse, mais singulièrement autorisée, de l'agriculture française» (3).

---

(1) Ainsi se réalisaient les prévisions formulées au Sénat, en février 1884, par MM. Bérenger et Allou, que les Unions de syndicats deviendraient un *Etat dans l'Etat.*

«De même que les hommes, les associations s'associent entre elles et embrassent la France entière dans une vaste fédération à triple étage». M. P. Deschanel. *Journal Officiel.* Déb. parl. Ch. des dép. (session ordinaire), 1897, p. 1944.

(2) Nous signalons la constitution à Berne, en août ou septembre 1897, d'une *Fédération agricole suisse* dont peuvent faire partie toutes les sociétés représentant des intérêts agricoles. Elle est représentée par un Comité directeur et un secrétariat permanent, qui ont pour mission la défense des intérêts agricoles nationaux.

(3) Mabilleau. Le Mouvement agraire. *Revue de Paris*, 1er juillet 1897.

Situation des Unions régionales de syndicats agricoles au 1er juin 1898 (1)

	NOMS des UNIONS	SIÈGE de l'Union	Date de la fondation	DÉPARTEMENTS compris dans l'Union	Nombre de départements	Nombre de syndicats	Nombre d'adhérents
1	Union des syndicats agricoles du Sud-Est.	Lyon	octob. 1888	Savoie, Hte-Savoie, Ain, Drôme, Isère, Loire, S.-et-Loire, Rhône, Ardèche, Hte-Loire.	10	182	60000 à 70000
2	Union des syndicats agricoles et viticoles de Bourgogne et de Franche-Comté.	Dijon	19 mars 1892	Côte-d'Or, Yonne, Doubs, Saône-et-Loire, Jura, Hte-Saône, Nièvre, Hte-Marne, Territoire de Belfort.	9	62	30000
3	Union des syndicats agricoles de la région du Nord.	Boulogne-sur-Mer	16 août 1891	P.-d.-Calais, Nord, Oise, Aisne, Somme.	5	12	4000
4	Union des syndicats agricoles et viticoles du Centre.	Orléans	11 mars 1892	Loiret, E.-et-Loir, Loir-et-Cher, Indre-et-Loire, Indre, Cher, Yonne, Nièvre.	8	20	25000 à 30000
5	Union des syndicats agricoles de l'Ouest.	Angers	19 mai 1893	Maine-et-Loire, Sarthe, Vendée, Vienne, Mayenne, Deux-Sèvres.	6	30	17000
6	Union des syndicats agricoles du Sud-Ouest.	Bordeaux	10 juin 1889	Lot-et-Garonne, Htes-Pyrénées, Gers, Charente-Infre, Charente, Dordogne, Landes, Gironde, Basses-Pyrénées.	9	17	30000 à 35000
7	Union des syndicats agricoles des Alpes et de Provence.	Marseille	6 déc. 1892	Vaucluse, Htes-Alpes, B.-du-Rhône, B.-Alpes, Alpes-Maritimes, Var, Corse.	7	78	10000 à 12000
8	Union des syndicats agricoles de Normandie.	Caen	10 mars 1892	Seine-Inf., Orne, Calvados, Eure, Manche.	5	17	15000
9	Union des syndicats agricoles de Bretagne.	Rennes	»	Ille-et-Vilaine, Loire-Inférieure, Morbihan, Côtes-du-Nord, Finistère.	5	30	11000
10	Union des syndicats agricoles du Midi.	Toulouse	19 juin 1897	Ariège, Aveyron, Aude, Htes-Pyrénées, Hte-Garonne, Lot-et-Garonne, Tarn, Hérault, Tarn-et-Garonne, Gers, Lot, Pyrénées-Orientales, Cantal.	13	27	chiffre inconnu

(1) M. le comte de Rocquigny a bien voulu, avec une grande bienveillance dont nous lui sommes reconnaissant, nous communiquer une grande partie des chiffres compris dans ce tableau.

Les deux plus anciennes Unions régionales sont l'Union du Sud-Est, constituée à Lyon en 1888, et l'Union du Sud-Ouest, à Bordeaux en 1889. De même que pour les associations du 1er degré ou syndicats, nous donnons la statistique la plus récente des groupements du degré supérieur, des Unions régionales. (Tableau page 150).

Le 5 mai 1897, le 3me Congrès national des syndicats agricoles émettait le vœu :

« 1° Que les syndicats agricoles s'affilient en plus grand nombre aux Unions, surtout aux Unions régionales, qui doivent être pour les syndicats de leur groupement des centres de direction et de propagande, des appuis précieux dans l'organisation de leurs services, des foyers d'action sociale ;

» 2° Que, dans les départements qui ne sont pas encore rattachés aux Unions régionales, il se crée des Unions nouvelles, selon les affinités de races, de relations et d'intérêts, afin que l'organisation de la France en Unions régionales de syndicats agricoles soit complétée ».

Il est resté, en effet, un certain nombre de syndicats réfractaires à toute espèce d'Unions.

En ce moment, il existe en France 20 Unions de syndicats agricoles diverses (centrale, régionales ou départementales), qui groupent 1.006 syndicats agricoles et 596.534 membres adhérents (1) sur les 1.371 syndicats dont l'existence est officiellement reconnue.

---

(1) Ce chiffre de 596.534 adhérents aux Unions de syndicats semble tout d'abord contradictoire avec celui que nous avons donné (page 145) des 438.596 adhérents aux 1371 syndicats agricoles actuellement constitués en France.

La Statistique agricole de la France (1897), donnant les résultats généraux de l'enquête décennale de 1892, explique cette anomalie par le fait

D'autre part, le réseau des Unions régionales n'est pas complètement achevé, et la création des Unions régionales 1° de Champagne et Lorraine, 2° du Limousin et d'Auvergne, 3° du Roussillon et du Languedoc, s'impose pour que tout le territoire de la France soit compris dans ce réseau. Toutefois, les tentatives faites par l'Union centrale dans ces diverses régions, en exécution du vœu du 3me Congrès national des syndicats agricoles, n'ont pas encore abouti.

L'organisation du parti rural (1) est donc, malgré ces

---

que *nombre d'agriculteurs sont affiliés directement à des Unions sans appartenir à un syndicat*, ce qui constitue une violation de la loi du 21 mars 1884.

Nous devons ajouter et, à notre avis, c'est la meilleure raison, que nombre de syndicats sont affiliés en même temps à plusieurs Unions, par exemple à une Union départementale, à une Union régionale et à l'Union centrale. Il y a donc lieu, de ce chef, de considérer le chiffre des adhérents aux Unions comme exagéré.

(1) Il convient de rapprocher l'organisation corporative très complète de l'agriculture moderne en vue d'une action continue dans la politique de l'Etat d'une tendance récente en faveur de la représentation au Parlement des forces sociales, que préconisent notamment MM. de Laveleye et Prins (*La Démocratie et le régime parlementaire*, 1887), Charles Benoist (dans le journal *Le Temps*), de Rocquigny (*Les Syndicats agricoles et le socialisme agraire*), etc... Les associations agricoles sont aujourd'hui tout acquises à cette idée que certaines législations étrangères ont appliquée partiellement (lois autrichienne et anglaise, loi espagnole du 20 juin 1890).

«L'organisation de la véritable représentation des intérêts, la reconstitution professionnelle de tous les groupes sociaux qui sont bien réellement les forces sociales, car ils résument l'activité du pays, détruira l'individualisme égoïste, incapable de sauvegarder les intérêts collectifs, qui a été la plaie de la société moderne ; elle rapprochera les citoyens les uns des autres et fera régner la paix parmi eux, en les pénétrant du sentiment de la solidarité. Si l'établissement d'un tel régime est peu favorable aux intrigues des politiciens, par contre il convient merveilleusement aux travaux des hommes de bonne foi qui veulent poursuivre, en dehors de tout esprit de parti, la solution des problèmes sociaux». (De Rocquigny, *op. cit.*). Ce système électoral ne doit la faveur dont il jouit aujourd'hui qu'aux déceptions causées par le suffrage universel et à l'ambition des groupements professionnels

lacunes, bien près d'être complètement achevée, et il faut reconnaître l'habileté persévérante avec laquelle les chefs du mouvement syndical agricole ont poursuivi leur œuvre. L'on s'étonne souvent, en dehors du monde des agriculteurs, de l'ensemble avec lequel les populations rurales clament leurs protestations, leurs revendications, leurs vœux (dont la liste est si longue !). La raison toute simple n'est autre que l'existence du lien fédéral qui relie le cultivateur syndiqué d'un point quelconque de la France à tous les cultivateurs des diverses régions, à travers ces institutions si habilement superposées du syndicat à l'Union nationale par l'intermédiaire des Unions départementales et régionales. Ainsi s'explique que, de nos jours, les efforts des chefs du mouvement agrarien, qui se confond avec le mouvement syndical dans l'agriculture, portent tout entiers sur le développement des formes supérieu-

---

importants, tels que les associations agricoles, qui espèrent trouver dans son application une plus grande puissance.

La représentation des intérêts ne fera pas davantage régner la paix et la solidarité entre les hommes ; elle aggravera, au contraire, entre les classes l'esprit d'antagonisme, en conférant la défense des intérêts spéciaux à des groupements plus ou moins puissants qui abuseront rapidement de leur force contre les associations plus faibles. Depuis quelques années, l'agriculture est seule *en fait* puissante au Parlement ; en ce qui la concerne, elle a résolu le problème de la représentation professionnelle. A notre avis, l'expérience a été assez mauvaise pour que l'on soit peu tenté de voir légaliser et généraliser ce système. Nous avons vu, en effet, les divers intérêts agricoles arriver à une entente par la politique des transactions et adopter un régime de protection favorable aux intérêts des producteurs de vin, de sucre, de cocons, etc., mais cette entente s'est réalisée au détriment des intérêts d'autres classes de la nation, des industriels, des commerçants et des consommateurs.

De plus, le système de la représentation des intérêts est contradictoire avec le principe de la souveraineté nationale (Esmein. *Éléments de droit constitutionnel*, 1896, p. 181-184), et nous n'estimons pas que ce principe, base de notre régime constitutionnel, pour lequel nos pères ont tant lutté, puisse être avantageusement remplacé.

res de l'association rurale, des Unions. Les syndicats constituent, selon eux, des groupements primordiaux indispensables ; mais, en ce qui les concerne, l'impulsion définitive est bien donnée et leur nombre s'accroît régulièrement, sans qu'il soit besoin de s'en préoccuper. En même temps, la vie propre des syndicats leur paraît devoir être limitée à un objet purement local : il appartiendrait seulement aux associations des degrés supérieurs de discuter et de presser la réalisation des réformes demandées par les agriculteurs : les syndicats n'interviendraient plus en pareille matière que pour appuyer, s'il y avait lieu, chacun dans leur sphère, l'action de l'Union dont ils dépendent.

L'Union centrale des syndicats des agriculteurs de France constitue le conseil directeur du mouvement agricole ; car, en dehors de sa vie propre comme Union de syndicats, elle réalise *en fait*, contrairement à la loi de 1884, une *Union des Unions*. « Elle a créé dans son sein, dit M. de Rocquigny, une commission des Unions régionales ; tous les présidents de ces Unions en font partie » (1). Là est discuté le programme toujours augmenté des revendications agricoles et ce programme, une fois adopté, est adressé à toutes les Unions, à tous les syndicats, avec mission de le répandre et d'aider à sa réalisation.

Nous venons de dire que l'Union centrale des syndicats des agriculteurs de France avait une vie propre comme *Union de syndicats :* elle groupe, en effet, près de 600 syndicats situés sur tous les points de la France, auxquels elle rend les mêmes services matériels (achats, ventes, etc.) que les autres Unions aux syndicats de leur

---

(1) Rocquigny (Cte de). *Les Syndicats agricoles et le socialisme agraire.* Paris, 1893.

circonscription. Sans doute, la loi de 1884 interdit cette transformation des Unions et, pour l'empêcher, elle les a privées de la personnalité civile ; mais l'Union centrale ne s'est pas butée sottement à cet obstacle, elle a habilement tourné la loi, et ainsi montré la voie aux Unions qui se constituèrent plus tard, en s'annexant un *syndicat central des agriculteurs de France;* ce dernier n'a aucune vie indépendante et sert seulement de courtier pour traiter les affaires, centralisées à l'Union, des syndicats affiliés. Cependant, la plupart des Unions régionales ont préféré constituer auprès d'elles une société coopérative agricole, qui joue le rôle du syndicat central auprès de l'Union centrale : on ne peut que les louer d'avoir respecté la loi.

Là ne se limite pas l'organisation fédérale agricole. D'autres institutions coopèrent puissamment à la direction du mouvement agricole de l'Union centrale qui, pour aider plus efficacement par leurs études et leur propagande à l'extension dans l'agriculture des idées d'association, de coopération, de solidarité et des œuvres qui en sont inspirées, se sont en général déchargées sur les syndicats agricoles déjà existants de tous les services matériels qu'elles eussent été susceptibles de rendre aux agriculteurs ; tels sont le Syndicat économique agricole, le Syndicat des sériciculteurs de France, le Syndicat des viticulteurs de France et le Syndicat pomologique de France.

Le *Syndicat économique agricole*, présidé par M. Kergall, directeur de *La Démocratie rurale*, a été fondé en 1886 ; il fait une active propagande en faveur de toutes les mesures favorables aux intérêts généraux de l'agriculture et n'a pas hésité, pour mieux remplir la mission qu'il s'est donnée, à intervenir dans les élections politiques (1).

Le *Syndicat des sériciculteurs de France,* fondé à Avignon en 1887, ne s'étend que sur la région séricicole de la France (24 départements) et réunit environ 100.000 sériciculteurs. Il a exclusivement pour objet l'étude et la défense des intérêts séricicoles et des intérêts connexes, et spécialement le relèvement du prix des cocons indigènes dans des conditions qui permettent la reprise de l'élevage des vers à soie, que la baisse excessive du prix tend à faire disparaître (2). En outre des sériciculteurs, un certain nombre d'Unions, de syndicats et de comices agricoles lui sont aussi directement affiliés.

Le *Syndicat des viticulteurs de France* a été fondé, à Paris, en 1888. Il est présidé par M. Paul Leroy-Beaulieu et comprend, comme le précédent, parmi ses adhérents, des individus et des sociétés agricoles. Son caractère principal est qu'il constitue une société purement économique, se préoccupant exclusivement de défendre les intérêts collectifs de la viticulture française.

Le *Syndicat pomologique de France* est de date plus récente (1891) et a son siège à Rennes. Il se distingue des syndicats précédents en ce qu'il poursuit un but d'ordre pratique ; il constitue, somme toute, un syndicat agricole ordinaire, centralisant les intérêts de toute une production spéciale de la France (la culture des fruits à cidre et l'industrie du cidre); il s'efforce de propager les meilleurs modes de culture et les perfectionnements dans

---

(1) Voir le chapitre suivant.

(2) La loi du 2 avril 1898 a consacré le renouvellement du système de primes en faveur de la sériciculture. « Il sera alloué aux sériciculteurs une prime de 0 fr. 60 cent. par kilogramme de cocons frais».

cette industrie spéciale.... et aussi de servir d'intermédiaire entre le producteur et le consommateur (1).

L'agriculture est donc dès maintenant parfaitement organisée. Toutes les lignes du nouvel organisme fédéral qu'elle a constituées sont nettement tracées ; mieux encore, les institutions qui, selon le programme agricole, doivent jouer le rôle principal sont créées et les associations agricoles n'ont qu'à se multiplier encore, à engendrer autour d'elles les diverses œuvres inspirées de la mutualité et dont le développement a été très lent jusqu'à maintenant pour combler tous les vides et parachever l'édifice. «La première étape, la plus dure, est déjà franchie, l'avant-garde est en marche, l'armée tout entière s'ébranle, armée qui ne se composera plus seulement de 2.000 associations, ce sera peut-être, dans quelques années, 10.000 syndicats agricoles qui en formeront les bataillons et les régiments, avec leurs corps auxiliaires, les caisses de crédit, les caisses de secours mutuels, les caisses de retraites» (2). Malheureusement, on ne mobilise, en général, les armées que pour une guerre, et les guerres, même purement économiques, sèment trop de haines, de ruines, de tristesses, pour que nous puissions applaudir les vainqueurs, si leur triomphe est dû à une situation privilégiée tenant à une mauvaise législation. C'est, en effet, une guerre que les associations agricoles

---

(1) Nous empruntons la plupart des renseignements relatifs au Syndicat économique agricole, au Syndicat des viticulteurs et au Syndicat pomologique de France, aux publications justement estimées de M. de Rocquigny, regrettant de n'avoir pu obtenir de renseignements originaux sur ces institutions.

(2) *Le Concours entre les syndicats agricoles au Musée social.* Paris. 1897. E. Duport. L'Avenir des syndicats agricoles.

ont entreprise, avec succès jusqu'à nos jours, et d'autant plus détestable que les conséquences en sont funestes à notre nation, du moins aux classes de la nation qui ne vivent pas de l'agriculture.

CHAPITRE II

L'influence de la Fédération agricole sur la politique économique

Rôle spécial des Unions agricoles. — L'organisation des syndicats pour l'action politique : les programmes agricoles.
La politique agricole : le régime douanier ; les charges fiscales de l'agriculture ; les revendications et les vœux des associations agricoles.
Les conséquences de la politique agricole. — La situation du commerce et de l'industrie.

La Fédération des associations agricoles, dont nous avons étudié l'organisation si habile, paraîtrait d'une utilité très contestable pour l'agriculture si l'on considérait les Unions diverses de syndicats agricoles comme des institutions jouant un rôle identique, bien que plus étendu, à celui des syndicats. Il y a eu, en réalité, un dédoublement du rôle complexe que la loi assignait (art. 3 et 5) à l'activité des associations professionnelles : aux groupements primaires, aux syndicats agricoles, a été conservée leur fonction originaire, telle qu'elle devait être selon la conception des promoteurs de l'association agricole, de faciliter à leurs adhérents l'exercice de leur profession par la centralisation des achats, les ventes directes, l'organisation du crédit, etc... ; aux groupements supérieurs, aux Unions, a été dévolue la fonction spéciale d'étudier et de défendre les intérêts généraux de l'agriculture. Cette division des attributions propres aux deux groupes d'associations agricoles n'est sans doute pas absolue. Les Unions rendent parfois elles-mêmes des services matériels aux agriculteurs de leur région ; mais nous savons qu'en règle générale, elles se désintéressent de l'organisation de cet office en le confiant à une société coopérative constituée à côté et en dehors d'elles, et que les Unions n'ont créé cet office central, tout à fait en dehors de leur rôle, que pour s'attacher étroitement les syndicats adhérents et les soumettre plus facilement à leur direction. D'autre part, les syndicats eux-mêmes sont intervenus à maintes reprises auprès des pouvoirs publics au moyen de pétitions ou de vœux votés par eux-mêmes ou leurs divers congrès, mais le plus souvent ces manifestations furent suggérées par les comités de l'Union centrale ou des Unions régionales, et elles n'avaient d'autre but que de soutenir plus efficacement les vœux et revendications présentés par ces organes supérieurs de la Fédération agricole en affirmant la vitalité et la force du parti rural.

Les Unions ont toujours conservé la direction du mouvement agricole ; elles ont pu donner ainsi un but identique à l'action des associations agricoles et les intérêts généraux de l'agriculture ont été servis aussi favorablement qu'on pouvait l'espérer. Les faits du reste confirment notre thèse : l'ère de la politique agricole, caractéristique des deux dernières législatures et, selon toutes les apparences, de la nouvelle législature, commence en 1889, année de la constitution des principales Unions de syndicats agricoles et des grands syndicats nationaux, tels le Syndicat économique agricole, le Syndicat des viticulteurs de France, les Unions du Sud-Est et du Sud-Ouest, etc... C'est à cette époque, en effet, que l'on eut, conscience, semble-t-il, de la force électorale que pouvait constituer le monde agricole (1) ; mais tous les éléments de cette puissance possible, représentés par les syndicats, étaient épars, et leur action obéissait à des vues et à des inspirations très différentes. Il fallait donc enrégimenter en quelque sorte les syndicats, élaborer un vaste programme de vœux et de réformes favorables à l'agriculture qui leur serait soumis et qu'on leur demanderait de soutenir et de défendre dans leur sphère d'action. Il fallait plus encore : pour rendre vraiment efficace toute cette ligue des intérêts agricoles, pour en obtenir rapidement des avantages réels, palpables, les agriculteurs devaient se décider à jouer un rôle actif dans la vie politique de la nation, ils devaient être représentés au Parlement par les chefs de leurs associations ou par des hommes ayant pris l'engagement formel de défendre et de soutenir leurs revendications. C'est à quoi se sont employés avec le plus grand succès le Syndicat économique agricole et la Société des agriculteurs de France (2).

---

(1) «Les syndicats ont modifié profondément les mœurs et habitudes des cultivateurs, qui ont par eux senti la nécessité de s'intéresser à la marche des affaires publiques, au moins en ce qui touche les besoins de leur profession. Avec eux, *la démocratie rurale, nouveau tiers-état peut-être, est entrée en scène pour faire sentir le poids de son influence économique*, et la réforme douanière que viennent d'achever les Chambres en porte sensiblement l'empreinte». Rocquigny (Cte de). *Les Syndicats agricoles et le socialisme agraire*. Paris, 1893.

(2) Les syndicats agricoles se préoccupent aussi de la propagande et de l'extension dans nos campagnes du socialisme agraire et des moyens de le combattre. Jusqu'à nos jours, les syndicats ont lutté d'influence avec les socialistes, intervenant plus ou moins ouvertement dans les élections contre les candidats socialistes. Ce faisant, ils violaient la loi qui leur interdit toute préoccupation politique et faisaient mauvaise besogne, si nous devons en juger par les résultats des dernières élections législatives. Nous avons indiqué quel était le véritable terrain d'action des syndicats agricoles, les moyens par lesquels ils lutteraient avec succès contre la propagande

En 1889, M. Kergall, président du Syndicat économique agricole et directeur de *La Démocratie rurale*, imagina, au moment des élections législatives, de soumettre à tous les candidats à la députation un programme agricole préalablement élaboré, discuté et voté par le Congrès national des Syndicats agricoles et par la Société des agriculteurs de France, en les invitant à envoyer leur adhésion *par lettre* au Syndicat économique agricole, s'ils tenaient à avoir l'appui des associations agricoles et les votes des agriculteurs. La tentative réussit pleinement. Trois cents députés qui avaient adhéré au programme agricole se réunissaient à Paris en 1889, avant l'ouverture de la session, sous la présidence de M. Kergall, qui, rappelant leurs engagements, les invita, en dépit de leurs dissentiments politiques, à former un seul groupe agricole pour faciliter la réalisation des vœux de l'agriculture. L'un des vœux de cette époque, le plus important, était la dénonciation des traités de commerce alors en vigueur et l'établissement d'un régime douanier complètement protecteur des intérêts agricoles: ce fut la première et la plus grave mesure due à la nouvelle politique agricole actuelle.

La voie était toute tracée et rendue désormais d'accès très aisé à l'ambition des agriculteurs par la docilité des législateurs à l'approche des élections. Ce qui avait si bien réussi en 1889 devait réussir de même à chaque renouvellement de la Chambre, et ainsi s'explique la progression constante des lois ayant exclusivement pour objet la protection de l'agriculture durant les dernières

---

socialiste. Nous ne pensons pas devoir traiter ici à nouveau cette question et nous renvoyons le lecteur à notre chapitre : *Le rôle social des syndicats agricoles*.

années écoulées. A titre de documents, nous croyons intéressant d'insérer les programmes, discutés et votés par l'assemblée générale du Syndicat économique agricole, que M. Kergall eut «*l'honneur de mettre sur la gorge*» (1) de tous les candidats aux élections législatives de 1893 et de 1898.

Programme agricole de 1893

1° Maintien du tarif des douanes ;

2° Réduction des charges fiscales qui pèsent sur l'agriculture en attribuant à cette dernière les économies qui pourront être réalisées sur le budget ; suppression du principal de l'impôt foncier sur les propriétés rurales non bâties au moyen de la conversion du 4 et demi p. 100 ;

3° Abrogation des dispositions législatives qui entravent la création des sociétés coopératives, des caisses agricoles d'assurances, de retraites, de secours mutuels, etc., et qui s'opposent à la libre organisation de l'assistance dans les campagnes ;

4° Maintien des facilités accordées par la loi du 21 mars 1884 aux syndicats professionnels qui se conforment aux prescriptions de cette loi ;

5° Protection de la petite culture contre le vol, la mendicité et le vagabondage.

Programme agricole de 1898

1° Maintien du tarif des douanes ;

2° Compléter le dégrèvement de 25 millions qui vient d'être voté jusqu'à extinction du principal de l'impôt sur les terres, par l'application du produit de la conversion ;

3° Suppression de l'impôt sur les boissons hygiéniques et des droits d'octroi sur les objets d'alimentation ;

4° Représentation de l'agriculture. — Constitution du corps électoral dans des conditions analogues à celles établies pour la représentation du commerce et de l'industrie ;

5° Organisation de l'assistance dans les campagnes avec le concours des associations professionnelles, et réforme des lois et règlements administratifs qui entravent l'action de l'initiative privée ;

6° Abrogation des dispositions législatives qui entravent la création des sociétés coopératives, des caisses agricoles d'assurances, de retraites, de secours mutuels, etc. ;

7° Modifications des programmes d'enseignement des écoles rurales, afin de donner aux enfants des campagnes des notions à la fois théoriques et pratiques d'agriculture.

Malgré toutes les faveurs obtenues du législateur depuis 1889 par l'agriculture et bien que satisfaction lui ait été donnée sur les principaux articles de son programme, grâce à cela probablement, les appétits des agriculteurs, habilement entretenus par des ambitieux, croissent sans cesse et les programmes agricoles s'allongent à chaque législature nouvelle. Celui de 1898, déjà

(1) Kergall. *Almanach de la Démocratie rurale*, 1898.

bien long cependant, est loin d'être complet et de contenir toutes les revendications des agriculteurs; il en est qui ont été soigneusement oubliées, parce qu'elles auraient pu, durant les élections, éveiller les protestations légitimes des autres classes de la nation ; parmi ces revendications oubliées fort à propos, il convient de mentionner l'allocation aux sociétés de Crédit agricole des millions avancés à l'État par la Banque de France, la réglementation ou même la prohibition des marchés à terme, etc...

Et cependant les agriculteurs ont déjà obtenu toutes les réformes qu'ils sollicitaient : des dégrèvements de l'impôt foncier sous le prétexte qu'ils étaient plus grevés d'impôts que les autres classes de la nation, la dénonciation des traités de commerce qui les ruinaient au profit de l'étranger, selon eux, la quasi-prohibition des vins de raisins secs qui étaient cause de la mévente des vins de raisins frais et que réclamaient avec tant d'ardeur les viticulteurs, etc.; enfin, cet ensemble de lois qui, depuis 1892, ont organisé le régime protectionniste agricole, prohibitionniste devrions-nous dire, que nous allons rapidement passer en revue pour en analyser ensuite les résultats heureux ou malheureux pour notre pays.

«Pour nous, Français, notre agriculture, c'est notre tout : être ou ne pas être !» (1). Tel est le fondement des revendications agricoles, la base du système de politique de protection nationale contre l'étranger, admis par le législateur depuis 1892, et dont l'application est poursuivie par tous moyens, par toutes lois devant favoriser les intérêts ruraux sans considération pour les intérêts, cependant respectables, du consommateur, du commerce et de l'industrie.

(1) De Sablemont. *Réforme sociale*, 1er décembre 1897.

Les traités de commerce de la France conclus en 1860, et renouvelés deux fois depuis lors, ont été dénoncés en février 1892, et, à ce moment, un tarif général de douanes fut établi qui offrait le choix aux pays étrangers entre un tarif maximum et un tarif minimum pour ceux d'entre eux qui feraient des concessions à l'importation des produits français. Ces traités de commerce portèrent bien haut la prospérité commerciale de notre pays aussi longtemps qu'ils furent en vigueur, mais ils furent condamnés parce qu'on les accusait d'être la source de tous les maux de l'agriculture; en réalité, par suite de circonstances tout à fait extérieures, telles que le développement de la culture de la vigne dans quelques pays étrangers, en Espagne, en Italie, quelques mécomptes s'étaient produits parmi nos viticulteurs, fatigués des sacrifices que leur avait imposés la reconstitution du vignoble détruit par le phylloxera; mais il était parfaitement possible de remédier aux inconvénients qui résultaient ainsi du régime des traités de commerce ; il s'agissait seulement de les améliorer, de façon à protéger plus efficacement les intérêts de nos agriculteurs. On ne voulut pas y songer; l'espoir de détruire complètement cette concurrence étrangère l'emporta sur toutes autres considérations, celle notamment des représailles que l'établissement du régime douanier projeté allait susciter des pays étrangers contre nos produits, et ce régime de protection rigoureuse fut définitivement voté. Malheureusement ces représailles de l'étranger sont incessantes et annihilent tous les efforts, toutes les bonnes volontés de notre commerce et de notre industrie, parce que ce régime douanier de 1892, dont les programmes agricoles de 1893 et de 1898 réclament le maintien, est constamment modifié par de nouvelles lois portant relèvement des droits sur certains produits. C'est ainsi que, pour citer parmi les relèvements de droits de douanes obtenus par les associations agricoles quelques exemples tout récents, la loi du 5 avril 1898 a relevé les droits à l'entrée en France sur la viande, les graisse, saindoux et autres produits du porc, et cela à une époque et sur un produit dont notre exportation soutient avantageusement la concurrence sur les marchés étrangers, et au moment où l'importation américaine, seul concurrent sérieux, venait de diminuer d'une manière très sensible de 1896 à 1897, ainsi que l'atteste le relevé suivant (1) :

		1896	1897
		—	—
Saindoux et graisses. . . .	Livres :	32.093.212	20.934.590
Lards	—	3.613.704	1.979.586
Jambons.	—	607.524	316.624
Porcs	—	180.200	131.550

Plus récemment encore, deux lois en date du 9 avril 1898 modifiaient le tarif des douanes et relevaient les droits à l'entrée, l'une de la margarine et du beurre, l'autre des fruits confits ou conservés, etc. Enfin, pour rendre plus efficace cette protection de l'agriculture, pour

(1) *Journal des Économistes*, février 1898.

Malgré ce, le prix du porc ne s'est pas élevé en France, heureusement pour le consommateur : la baisse semble s'être au contraire accentuée. Il faut l'attribuer à une surproduction intérieure due à la création, dans diverses contrées de la France, de nombreuses laiteries et fromageries, qui pour utiliser quotidiennement le petit-lait, résidu de leur fabrication, ont été amenées à s'annexer une porcherie. — Il n'en est pas moins vrai que si le consommateur n'a pas souffert de l'élévation des droits sur les porcs pour la raison que nous venons d'indiquer, il n'en est pas de même du commerce et de l'industrie en relations avec les Etats-Unis, ceux-ci ayant aussitôt manifesté l'intention de répondre par une élévation de droits de douane à l'entrée de certains de nos produits.

rendre immédiatement applicables les relèvements des droits de douane, fut votée la loi du 13 décembre 1897, dite *du Cadenas*, autorisant le Gouvernement à déclarer provisoirement applicables par décrets les dispositions des projets de loi portant relèvement des droits de douane dès que ces projets auraient été déposés. M. Charles Roux définissait cette loi inique « un instrument de torture perfectionné destiné à étrangler le commerce avant que celui-ci ait eu le temps de crier » (1). Nous reviendrons plus loin sur les funestes conséquences pour le commerce et l'industrie de ce régime douanier exagéré, surtout si instable ; mais ces conséquences ont été prévues et voulues quand même. N'est-ce pas le rapporteur de la loi du Cadenas qui s'exprimait, avant le vote, en ces termes : « En résumé, personne ne peut soutenir que la loi qui vous est proposée *ne puisse présenter quelques inconvénients ; mais il faut mettre en parallèle les avantages qu'elle peut offrir à l'agriculture* ». Qu'importent, en effet, les intérêts, même les plus graves, et du consommateur, et du commerce, et de l'industrie, pourvu que l'agriculture puisse bénéficier d'un avantage quelconque ! Il est aisé de comprendre que tous ces relèvements de droits sur les produits agricoles étrangers se traduisent par une hausse (2) immédiate du prix des objets d'ali-

---

(1) Roux (Ch.) La Situation de notre commerce. *Revue politique et littéraire*, 1er janvier 1898.

(2) Les défenseurs de la politique agricole prétendent que cette hausse a été fort atténuée par l'abaissement des tarifs de transport poursuivi et réalisé en partie par les syndicats. Mais il ne faut pas attribuer les réductions obtenues aux démarches des seules associations agricoles ; les chambres de commerce ont puissamment contribué à ce résultat. Quoi qu'il en soit, nous ne pensons pas qu'il puisse y avoir pour le consommateur une compensation suffisante entre l'élévation des droits de douane et l'abaissement des tarifs de transports, qui a profité aux intermédiaires et surtout aux pro-

mentation souvent les plus nécessaires, hausse toujours ruineuse pour les populations ouvrières, et suscitent l'établissement de droits à l'importation de nos produits industriels dans les pays étrangers, rendant difficiles sinon impossibles les affaires et aboutissant, somme toute, à une diminution des salaires d'abord, puis à la fermeture d'ateliers et d'usines; tout cela pour le seul profit des propriétaires agriculteurs. Pour calmer l'irritation causée autour d'eux, les agriculteurs essayent de convaincre nos industriels qu'ils ne doivent pas regretter la fermeture de ces marchés étrangers, que mieux vaut pour eux produire pour le seul marché national, où les paiements sont plus rapides et plus sûrs; c'est là une maigre compensation, car l'industrie n'est plus maîtresse de ses prix sur ce marché national et doit subir, nous l'avons vu (1re partie, chap. I), les conditions imposées par la puissante organisation des associations agricoles. Mais quelle compensation s'offre au commerce exportateur? De faire du commerce à l'intérieur du pays? Pas même cela, puisque le but principal des syndicats agricoles est la suppression du commerce, poursuivie avec quelques succès déjà, grâce à leur multiplication considérable et à celle des sociétés coopératives.

L'agriculture, parce qu'elle constitue une industrie importante de notre pays et fait vivre un nombre assez

---

ducteurs. Et d'ailleurs, en l'absence du tarif douanier actuel, le consommateur ne pouvait-il pas espérer l'abaissement progressif des tarifs de transports ? En résumé, si le consommateur, par suite de cet abaissement, n'a pas subi un préjudice aussi élevé du fait de l'élévation des droits de douane, il n'en résulte pas moins qu'il eût été beaucoup plus avantageux pour lui d'obtenir la réduction des frais de transport sous un régime de moindre protection agricole.

élevé d'individus, mérite quelques égards et nous sommes d'avis même que l'État doit lui accorder une certaine protection qui lui permettra de subsister et de n'être pas écrasée par la concurrence de pays plus vastes et plus fertiles. Qu'on lui accorde les moyens de résister à cette concurrence, rien de mieux ; mais n'est-ce pas une folie insigne d'espérer que l'agriculture de nos pays d'Europe, tellement usés et appauvris, même devenue tout à fait scientifique et transformée dans tous ses modes d'exploitation, pourra l'emporter dans cette lutte économique avec la culture des territoires si vastes et si fertiles, nouvellement défrichés, de l'Amérique, de l'Australie, de la Russie, etc., où ne tarderont pas à être appliqués ces procédés scientifiques déjà répandus dans les exploitations de nos pays ? Peut-on espérer que notre agriculture, seule, rendra la France plus prospère, plus active et plus puissante ? Nous ne le pensons pas. Il est de notre intérêt de protéger dans une certaine mesure nos agriculteurs contre l'étranger, comme il est de l'intérêt économique général de tout pays d'empêcher la disparition subite de toute vieille industrie menacée de ruine par une concurrence puissante et inattendue ; mais c'est commettre une grosse faute que de vouloir donner la prééminence à cette vieille industrie désormais vouée à la décadence, à une ruine plus ou moins lente par la force même des choses, sur les autres industries, plus vivaces, plus souples, qui peuvent donner au pays une nouvelle prospérité et employer les bras de tous les travailleurs que l'ancienne industrie ne nourrit plus.

Aussi nous plaignons-nous que, la sollicitude de l'État s'étant manifestée en faveur de l'agriculture, celle-ci l'ait accaparée toute et en ait usé pour son seul profit, sans ménagement pour les intérêts considérables que représentent le commerce et l'industrie, et aussi la consommation. Comment soutenir que l'établissement du tarif de douanes de 1892 n'a pas été préjudiciable au pays ? Les populations ouvrières ont tout d'abord pâti de la hausse des prix des denrées les plus nécessaires à l'alimentation qui en a été la première conséquence, et avec elles la masse de la nation constituée par les petits artisans, fonctionnaires, etc. ; en même temps, les représailles, que suscitait l'établissement de ce tarif de la part des pays étrangers à l'encontre de nos produits industriels, avaient pour effet de diminuer la production (1) et de déterminer un abaissement des salaires des ouvriers de l'industrie, puis d'arrêter complètement la production et de rendre inévitable la fermeture d'ateliers et d'usines : et alors le chômage apparaît au moment même où, pour ces classes ouvrières, qui ne vivent pas de l'agriculture, le prix du pain vient de s'élever ! « Partisan convaincu et dévoué de la liberté économique, écrit un défenseur des intérêts ruraux, ce n'est pas sans un vif regret que j'ai vu abandonner la politique des traités de commerce qui a porté si haut la prospérité commerciale de la France, pour y substituer un régime protectionniste que je juge oppressif. Je crois que c'est une faute dont l'avenir démontrera la gravité » (2).

(1) « De parti pris, notre gouvernement veut réduire l'importation ; or, si vous réduisez l'importation, vous réduisez du même coup l'exportation. Comment voulez-vous développer le commerce extérieur quand votre idéal serait qu'il n'entrât rien en France de ce que le sol français ou les mains françaises seraient, à la rigueur, aptes à produire. Il faut faire un choix et s'adonner à certaines productions, non à toutes. Si vous voulez commercer, il faut échanger, et si vous tenez à échanger, il faut bien acheter aux autres, c'est-à-dire importer ». P. Leroy-Beaulieu. *Economiste français*, 4 juin 1898.

(2) Cohen (Ed.). *La Politique agricole*. Appel aux électeurs ruraux. Paris, 1898.

L'établissement d'un régime douanier tel que le nôtre a un effet autrement grave et gros de conséquences que d'arrêter momentanément notre industrie et notre commerce d'exportation. Les pays étrangers, qui, par mesure de représailles, édictent des droits élevés sur les produits de notre industrie, stimulent et surexcitent la production industrielle chez eux par l'attrait de la prime ainsi établie au profit de leurs nationaux et tendent ainsi à organiser, à l'abri de leurs murailles douanières, une puissante industrie qui non seulement nous enlèvera les rares marchés étrangers où nous avions encore conservé des débouchés, mais sera en mesure peut-être un jour de faire une concurrence victorieuse à notre industrie affaiblie sur notre marché national. Ainsi, pour combattre une concurrence agricole, nous suscitons une nouvelle concurrence, industrielle celle-ci, et notre situation deviendra pire (1).

Un autre système de protection a été organisé en France, en faveur de certaines productions agricoles par les lois du 11 janvier 1892, renouvelé tout récemment, par les lois des 2 avril (2) et 9 avril 1898 (3), accordant des encouragements, sous forme de primes, à la culture du lin et du chanvre, à la sériciculture et à la filature de la

(1) «Faute de traités de commerce et de navigation nous assurant à l'étranger un traitement favorable pour nos produits, notre exportation tend à disparaître avec certains pays qui autrefois étaient nos tributaires et qui aujourd'hui deviennent nos concurrents.» *Enquête de la Commission extra-parlementaire constituée près le Ministère du commerce.* Réponse des armateurs. *In:* Blondel. *L'Essor commercial et industriel du peuple allemand.* Paris, 1898.

(2) Loi du 2 avril 1898. «..... il sera alloué aux sériciculteurs une prime de 0 fr. 60 centimes par kilogramme de cocons frais».

(3) Loi du 9 avril 1898. «..... il sera alloué aux cultivateurs de lin et de chanvre des primes dont le montant ne pourra annuellement dépasser la somme de deux millions cinq cent mille francs».

soie, et, par la loi du 7 avril 1897 (1), établissant des primes à l'exportation des sucres dans l'intérêt de la culture de la betterave sucrière fort importante dans le nord de la France. Du moins, ce système n'encourt-il pas les critiques faites au régime douanier ; il est en effet plus rationnel en ce qu'il n'accorde de protection qu'à ceux qui la méritent et permet de graduer cette protection, plus juste en ce qu'il n'a pas de conséquences fâcheuses pour le commerce d'exportation et d'importation et ne cause non plus de préjudice au consommateur, puisqu'il n'entraîne aucune hausse des prix (2).

Malgré tout le bouleversement de notre régime économique produit par cette application du système protectionniste, dont seuls les agriculteurs recueillent des bénéfices, ceux-ci s'estiment encore les plus malheureux et réclament sans cesse des dégrèvements d'impôts, accusant notamment l'impôt foncier d'être une source abondante de « souffrances » agricoles. Il serait utile de vérifier leurs dires et de rechercher si véritablement l'agriculture est plus grevée d'impôts que le commerce et l'industrie ; à défaut d'enquête personnelle, nous avons fait des recherches dans les travaux les plus récents d'économistes s'occupant spécialement des questions agricoles, et nous n'avons recueilli que des opinions contraires aux affirmations des agriculteurs. Ceux-ci (3) ont

---

(1) *Journal Officiel*, 8 avril 1897, p. 2077.

(2) Ce système de protection est exposé dans les *Principes d'économie politique* (5e édition. Paris, 1896), de M. Ch. Gide, qui en démontre la supériorité sur le système protectionniste douanier.

(3) «Le contribuable agricole est le plus imposé, il paie à raison de 30 p. 100 de son revenu, alors que les autres contribuables paient 25, 20 et même 8 p. 100 seulement de leur revenu». Kergall. *Almanach de la Démocratie rurale*, 1894.

évalué la somme de leurs impôts à 37 o/o du revenu de la terre, et parfois même à 41 o/o. Or, dit M. Brelay (1), l'évaluation du Ministre de l'agriculture était de 27 o/o, dans un discours récent à la Chambre des députés, celle du Ministre des travaux publics, quelques jours plus tard, de 25 o/o ; en présence d'affirmations et de déclarations tellement contradictoires, M. Brelay prit le parti d'entreprendre une enquête personnelle, dont les résultats, très impartialement consignés, lui permirent d'évaluer les impôts agricoles à 15 o/o du revenu de la terre. Un autre économiste fort estimé en ces matières, M. D. Zolla, démontre (2) que le principal de la contribution foncière atteint au maximum 6 o/o du rendement agricole ; les plaintes des agriculteurs sont donc mal fondées. Nous devons, au contraire, trouver excessives les faveurs dont le législateur les a comblés, puisqu'à maintes reprises des dégrèvements de l'impôt foncier leur ont été accordés, deux notamment durant ces dernières années, le premier de 16 millions par la loi du 10 août 1890, le second (3) de 26 millions par la loi du 21 juillet 1897. «L'agriculture n'est ni spécialement grevée, ni spécialement favorisée, elle subit la loi générale... Et, au demeurant, l'industrie agricole, qui est exempte de la patente,

---

(1) *Journal des Economistes*, octobre 1896. Discussion à la Société d'économie politique de Paris.

(2) Zolla. *Etudes d'économie rurale*. Paris, 1896.

(3) Ce dernier dégrèvement a été voté au moment le plus inopportun — si l'on néglige une considération qui a eu alors une très grande importance, celle des prochaines élections législatives de 1898, — car le budget de cette année se présente avec une augmentation de dépenses de 33 millions qui, joints aux 26 millions du dégrèvement de l'impôt foncier, donnent un déficit total de 59 millions.

nous paraît plutôt favorisée que les autres par notre régime fiscal» (1).

L'impôt foncier considéré en bloc n'est pas trop lourd, mais il est fort inégalement réparti. Aujourd'hui encore, le revenu de la terre est taxé d'après les évaluations cadastrales faites de 1807 à 1852, et déjà à cette époque nombre de ces évaluations basées sur un cadastre mal fait, parfois établi franchement avec injustice, soulevaient les protestations des contribuables. Ces défectuosités originaires de l'impôt foncier n'ont fait que grandir : il n'est personne de bonne foi qui puisse nier ses inégalités, ses injustices choquantes. « Pour ne citer qu'un exemple entre tous ceux qui ont été relevés par M. Monestier, sénateur de la Lozère, dans la commune de Sillery (Marne), une propriété de 65 hectares, dont le revenu net est évalué à 1.182 fr., paye en principal 341 fr., soit 29 o/o, tandis que, dans cette même commune, une autre propriété de 112 hectares, dont le revenu net est de 23.000 fr., paye en principal 372 fr., soit 1 fr. 50 o/o » (2). Mais il ne s'ensuit pas qu'il faille supprimer l'impôt foncier : les agriculteurs doivent demander une meilleure répartition, mais non la suppression de cet impôt. Déjà, une loi du 21 juillet 1894, qui va être mise en vigueur, a ordonné une nouvelle évaluation du revenu cadastral des propriétés non bâties ; d'autre part, vient d'être promulguée la loi du 17 mars 1898, tendant à rendre plus rapide et plus économique la révision du cadastre. L'œuvre entreprise en exécution

(1) Bernard (Fr.). *Les Systèmes de culture.* Principes d'économie rurale. Montpellier. C. Coulet, 1898.

(2) *Bulletin de la Société départementale d'encouragement à l'agriculture de l'Hérault*, avril-mai 1898. Rapport de M. Giraud.

de ces lois établira, espérons-le, plus d'harmonie et de justice entre les taxations de l'impôt foncier : alors, sans doute, les agriculteurs cesseront de réclamer sa suppression et estimeront qu'ils doivent contribuer aux dépenses de l'État au même titre que les autres citoyens.

Eh bien, les associations agricoles ne sont pas encore satisfaites; ces deux dégrèvements de l'impôt foncier de 1890 et de 1897 sont encore insuffisants ; actuellement le programme agricole de 1898 demande la conversion de la rente 3 o/o en 2 et demi o/o, qui donnerait une économie annuelle de 76 millions, et l'application de ce produit total de la conversion à l'extinction du principal de l'impôt sur la terre. Et cela, au moment où la Chambre des députés vient de voter (31 mars 1898) l'allocation, aux sociétés de crédit agricole, des 40 millions et de la redevance annuelle payés à l'État par la Banque de France au moment donc où l'État donne aux agriculteurs tous les moyens possibles, toutes les facilités pour accroître leurs rendements et réaliser des bénéfices plus élevés.

Les agriculteurs ont encore réclamé la suppression des octrois, appelés souvent à tort des *douanes intérieures*, qu'ils accusaient d'augmenter artificiellement le prix de revient des denrées agricoles et de troubler profondément, au détriment du producteur, les conditions de l'offre et de la demande. Les lois des 29 décembre 1897 (1) et 9 mars 1898 (2) viennent de leur donner satis-

---

(1) *Journal Officiel* du 31 décembre 1897.

A défaut de suppression totale, les communes seront obligées d'abaisser les droits existants dans la limite des tarifs prévus à l'article 2 de la loi du 29 décembre 1897. L'abaissement ainsi prévu est de 45 p. 100.

(2) La loi du 9 mars 1898 autorise l'application anticipée de la loi du 29 décembre 1897. *Journal Officiel*, 12 mars 1898, p. 1514.

faction sur ce point encore. Bien que les agriculteurs aient toujours mis en avant les bénéfices qui résulteraient de cette réforme pour le consommateur ayant désormais la possibilité d'acheter les produits agricoles au prix de la propriété, sans majoration ni taxe d'aucune sorte, nous demeurons à cet égard assez sceptique et restons convaincu que la totalité des avantages résultant de la suppression des octrois sera accaparée par le producteur, qui élèvera aussitôt ses prix sans que le consommateur, habitué aux prix élevés, puisse résister ou songe même à résister. Nous ne sommes pas toutefois l'adversaire du principe de la suppression des octrois en ce qui concerne les objets d'alimentation les plus nécessaires ou les boissons hygiéniques : nous craignons seulement que la réforme soit encore insuffisamment étudiée, mûrie, et nous nous demandons si les contribuables ne se trouveront pas plus chargés, plus gênés par les taxes de remplacement que l'État, les départements et les communes devront établir pour combler le déficit énorme causé par la suppression des droits d'octroi (1).

Cette folie d'accaparer pour le seul profit des agricul-

(1) D'autres créations sont encore demandées à l'Etat par les associations agricoles, que nous devons signaler, mais sans leur accorder des développements que le cadre restreint de notre étude ne permet pas ; telles sont, par exemple, l'institution de Chambres officielles d'agriculture, de Conseils de prud'hommes agricoles, etc.

Ces Chambres d'agriculture, composées d'agriculteurs élus, analogues, en ce qui concerne leur compétence et leurs attributions, aux Chambres de commerce, formeraient auprès des pouvoirs publics une représentation officielle de l'agriculture. Assurément cette prétention est fondée et ce désir des agriculteurs est trop conforme à nos préoccupations d'égalité et de justice pour que nous leur refusions des institutions qui fonctionnent depuis longtemps déjà pour nos commerçants. On nous permettra toutefois de ne pas reconnaître aux futures Chambres d'agriculture la même utilité qu'à leurs sœurs aînées, en l'état actuel de l'organisation si complète des

teurs les faveurs de l'État et les privilèges, qui caractérise le mouvement agrarien, n'est pas particulière à la France, et elle se manifeste avec une intensité au moins égale dans divers pays voisins. En Allemagne notamment, le parti agrarien, dont l'un des chefs les plus renommés est M. de Kanitz, mène une ardente campagne, à l'exemple des syndicats en France de 1889 à 1892, contre la politique des traités de commerce inaugurée par Guillaume II et le chancelier de Caprivi : là-bas aussi, les agrariens veulent être aveugles, ne pas tenir compte du bien général du pays pour satisfaire les seuls intérêts des producteurs agricoles ; et cependant c'est grâce à cette sage politique des traités de commerce que l'industrie et le commerce de l'Allemagne se sont tellement développés durant ces dernières années, aux dépens des nôtres entravés par un régime rigoureux de protection, et que l'activité économique de notre puissant voisin a

---

associations agricoles et de leur rôle prépondérant dans la politique économique.

Une création plus urgente serait celle de prud'hommes agricoles, réclamée par le Congrès socialiste de Marseille, plus tard par M. Jaurès lors de son interpellation sur la Crise agricole, et enfin par les associations agricoles, dit M de Rocquigny. Les populations ouvrières rurales ont été laissées en dehors de l'organisation agricole actuelle ; livrés à leurs seules forces, les ouvriers sont trop souvent exposés sans défense à l'arbitraire des propriétaires ruraux dont ils dépendent, et d'ailleurs, quel que soit le différend, il n'y a encore aujourd'hui pour le trancher entre les parties que le propriétaire. Cette création de prud'hommes ruraux, appelés à juger les différends entre propriétaires et ouvriers, est devenue d'une utilité moins urgente, selon M. de Rocquigny, depuis la multiplication des commissions de contentieux et des conseils d'arbitrage dans les syndicats agricoles. A notre avis, l'utilité de cette création n'est pas diminuée par ce fait : d'abord, les conseils d'arbitrage sont moins nombreux que M. de Rocquigny semble l'indiquer ; de plus, ils ne sont appelés à se prononcer qu'entre agriculteurs syndiqués, et nous savons que les ouvriers ruraux sont restés en dehors des syndicats.

pu s'élever si haut. Les conséquences de l'agitation suscitée dans tout le pays rural allemand se sont traduites par le vote de lois créant de nouvelles institutions toutes favorables aux intérêts agricoles : ainsi a été établie, à Berlin, la Caisse centrale destinée à faciliter les opérations des associations coopératives de crédit agricole ; ainsi a été entreprise la construction par l'État d'entrepôts généraux de produits agricoles, de docks-greniers, destinés aux associations agricoles ; ainsi a été votée la législation réglementant les opérations de Bourse, qui a jusqu'à présent déçu les espérances que les agrariens allemands fondaient sur elle (1), etc.. Toutefois, le

---

(1) «Les résultats de la loi de 1896 ont été absolument contraires à ceux qu'avait espérés, promis et annoncés la majorité du Reichstag. L'interdiction des affaires à terme a désorganisé le marché des céréales en Allemagne, fait perdre au marché de Berlin la place prépondérante qu'il avait obtenue, *abaissé le niveau des prix des céréales* au-dessous de ce qu'ils auraient été, etc.....». *Economiste français*, 29 janvier 1898.

Ce résultat s'explique par cette raison que les spéculateurs, obligés de recourir au procédé d'écoulement très lent et très chanceux du marché au comptant, n'ont pas fait aux producteurs de blé des offres aussi élevées qu'ils eussent faites s'ils avaient eu la perspective des bénéfices pouvant résulter tout d'un coup des spéculations de Bourse.

En France, la Commission de la Chambre chargée d'examiner les propositions de loi inspirées de la législation allemande de 1896, tendant à la réglementation et à l'interdiction des marchés à terme ou fictifs, a écarté d'abord le projet de M. Michelin, à raison de l'impossibilité de distinguer dans la plupart des cas ces deux sortes de marchés et de la difficulté qu'on rencontre à définir les marchés fictifs. Pour la même raison elle a écarté l'article 1er du projet de M. Rose, tendant à revenir sur la loi de 1885 et à rétablir l'exception de jeu. La Commission a cependant admis en principe la nécessité d'une réglementation des marchés à terme sur marchandises.

Et en effet, il est bien difficile de définir ce qu'on entend au juste par marchés fictifs. Dès lors, ou bien il faut s'abstenir de toute réglementation, ou bien il faut radicalement supprimer les opérations de Bourse, car dans nombre de cas le véritable marché à terme aura toutes les apparences du marché fictif et ne se réalisera pas par la prise ou la livraison de la marchandise qui a fait l'objet du marché. C'est bien là ce qu'a fait la loi allemande de 1896 pour les blés. Or, dès aujourd'hui, les cultivateurs alle-

parti agrarien, à l'encontre de ce qui se passe en France, n'obtient satisfaction en Allemagne qu'après une longue lutte : les intérêts commerciaux et industriels sont représentés dans les diverses assemblées politiques et opposent une organisation assez puissante aux agriculteurs allemands pour contrebalancer leur influence et soustraire le pays à leur seule direction. Aussi ne peut-on guère prévoir actuellement quels seront les résultats du conflit actuel entre les divers intérêts en Allemagne : le parti agrarien veut obtenir la dénonciation des traités de commerce qui expirent en 1902 et l'établissement de tarifs de douanes aussi élevés que les tarifs américains ou français. Nous n'avons en ce qui concerne le régime économique de l'Allemagne de désir à exprimer, ni de souhait à formuler.

En France, les intérêts ruraux ont été remarquablement servis, il convient de le reconnaître, par la politique agricole de cette dernière dizaine d'années. Cependant, même parmi les agriculteurs, des dissentiments se produisent, des divergences de vue sur le régime économique se font jour qui tendent à s'accentuer à mesure que devient plus considérable la surproduction agricole en France. C'est ainsi que les viticulteurs charentais, par l'organe d'un des leurs, M. A. Verneuil, protestent avec raison contre le régime douanier actuel. Avant la crise phylloxérique et sous le régime des traités de commerce,

---

mands se plaignent de leurs députés conservateurs, qui ont fait voter une mesure si préjudiciable à leurs intérêts, car le prix du blé a baissé dans toutes les régions de l'Allemagne depuis la suppression de la Bourse des céréales. Cela se conçoit assez aisément : le cultivateur, en effet, depuis cette suppression, n'ayant plus à sa disposition la cote officielle quotidienne du cours des céréales, est dans l'ignorance absolue des prix et l'intermédiaire en profite pour se réserver une marge plus grande de bénéfices entre le prix d'achat et le prix de vente.

l'exportation des eaux-de-vie de Cognac se chiffrait en moyenne par 100 millions par an. Lors de l'établissement du régime protectionniste de 1892, les viticulteurs des Charentes étaient encore en pleine période de reconstitution de leur vignoble: d'accord avec les négociants de leur région, ils protestèrent contre la dénonciation des traités de commerce si favorables à leur prospérité; mais le danger était encore éloigné pour eux, leur production suffisait alors à peine aux besoins de la consommation nationale, et leurs protestations furent peu écoutées parce qu'ils ne pouvaient justifier d'un préjudice immédiat. Aujourd'hui, le vignoble des Charentes est à la veille d'être complètement reconstitué et la production s'élève d'année en année. La viticulture charentaise entrevoit la reprise des grandes affaires d'exportation de jadis et elle se préoccupe de savoir où elle pourra écouler l'énorme excédent de sa production annuelle d'eaux-de-vie de vin, la consommation nationale ne s'élevant qu'à la moitié de sa production totale. Les États-Unis ont élevé les droits sur nos eaux-de-vie, et de même le Chili, la République Argentine, le Mexique, le Venezuela, le Guatemala, etc... En Europe, l'Espagne nous est fermée et son commerce d'exportation des eaux-de-vie s'est étendu aux dépens du nôtre. L'Angleterre, la Belgique et la Russie, ont établi des droits qui, dans certains cas, sont tout à fait prohibitifs. Somme toute, M. Verneuil démontre le péril imminent pour le vignoble des Charentes reconstitué aujourd'hui après d'énormes sacrifices et demande l'abandon du tarif douanier actuel et l'établissement de traités de commerce (1).

---

(1) D'après le rapport de M. Verneuil. Les Eaux de-vie des Charentes. *Annales de la Société des viticulteurs de France et d'ampélographie*, N° 1, 1898.

Ce qui est vrai des viticulteurs charentais l'est aussi des commerçants et des industriels. « On a, en faisant appel au sentiment national, relevé les taxes et inventé la *théorie de l'indépendance économique* » (1). Il est possible que tel ait été le but poursuivi, mais le seul résultat de cette politique vraiment acquis est l'*isolement économique* de notre pays, et nous n'avons pas lieu de nous en réjouir. Ne savons-nous pas que les nations exclusivement agricoles sont vouées à une vie misérable, à la dépendance, et qu'elles peuvent seulement, par l'extension de leur industrie et de leur commerce, aspirer à une vie plus haute, plus active, devenir riches et se faire des autres pays des clients fidèles sur lesquels s'étend le prestige de leur puissance et de leur supériorité ! « Notre agriculture, c'est notre tout : être ou ne pas être ! C'est la nature qui l'a voulu » (2). Allons donc ! Notre pays incapable d'être autre chose qu'un pays agricole ? Pour émettre pareille assertion, il faut oublier notre histoire et n'avoir jamais jeté les yeux sur une carte de l'Europe. Mais qu'est-ce qui a donc fait la prospérité passée de la France ? Qu'est-ce qui lui a permis de traverser les crises les plus graves, les plus douloureuses, sans jamais perdre l'espérance de sa grandeur et de sa suprématie aussitôt reconquises ? Est-ce l'agriculture ou bien plutôt sa prodigieuse activité commerciale, sa force de production industrielle, qui apparaissaient dans toute leur puissance, émerveillant les nations étrangères, dans ces immenses foires du commerce et de l'industrie de l'univers que furent les Expositions de 1867, 1878 et

---

(1) Blondel. *L'Essor industriel et commercial du peuple allemand.* Paris, 1898.

(2) *Réforme sociale,* 1er décembre 1897, *art. cit.*

de 1889 ! Mais alors même que nos richesses naturelles (houille, métaux, etc.) fussent faibles comparativement à celles des nations industrielles rivales, la France n'est-elle pas désignée avant toute autre nation pour être le terrain des échanges de tous les pays, pour être la première des nations commerciales ? « Rien ne nous manque, ni le développement du littoral, ni les fleuves qui pénètrent dans l'intérieur des terres, ni les capitaux, ni les frontières percées par des chemins de fer et adossées à des voisins qui produisent et qui consomment ; mais, malgré tous ces avantages qui constituent une supériorité incontestable, nous laissons à notre barbe les ports de Hambourg, d'Anvers, de Rotterdam, de Brême, au fond de leurs ancrages souvent inaccessibles, obstrués fréquemment par les glaces, isolés dans les mers périlleuses, concurrencer Bordeaux, Nantes, Cherbourg....., toutes ces portes ouvertes sur l'Océan et la Méditerranée par tous les temps et dans toutes les saisons. Par sa situation géographique au bord d'un continent qui comprend deux parties du monde, en face des deux Amériques, à deux pas de l'Afrique, la France est désignée, par la nature même, comme le magasin universel, le terrain d'échanges et de transit du genre humain..... » (1). Et, néanmoins, grâce à la politique protectionniste agricole, nous n'occupons plus notre ancien rang parmi les nations commerciales. L'Allemagne, sous le régime des traités de commerce, a conquis le terrain que nous avons perdu durant ces dernières années, nous laissant loin derrière elle et permettant à sa population toujours croissante de s'étendre au loin, d'établir dans tous les pays du monde des comptoirs, des succursales, qui répandent autour

---

(1) Ch. Roux. *Rapport sur le budget du Ministère du commerce.*

d'eux le prestige de la métropole et sont pour celle-ci une source inépuisable de richesses. En 1876, notre tonnage marchand total était de 1.110.000 tonnes et celui de l'Allemagne de 1.103.000 tonnes; à la fin de l'année 1894, notre tonnage marchand était tombé au-dessous de 800.000 tonnes, tandis que celui de l'Allemagne s'était élevé à 1.661.646 tonnes. Et de même pour notre commerce d'exportation :

		France.	Allemagne.
		—	—
En 1872:	Ventes à l'étranger.	3.760 mil.	2.975 mil.
En 1895:	—	3.376 »	4.144 »

Ces chiffres si attristants sont la conséquence de la situation défavorable qui est faite en France au commerce. Toutes les mesures sont prises pour le décourager, le menacer, le ruiner. L'établissement du régime de douanes de 1889 ne suffit plus ; il faut empêcher l'industriel, le commerçant, de traiter avec l'étranger, de faire des affaires, de *spéculer*, car aujourd'hui on est arrivé à considérer le spéculateur comme un malhonnête homme. Et pour cela, on érige en principe l'instabilité du tarif douanier ; à tout instant une loi intervient qui relève un droit de douane, suscite des mesures adverses de l'étranger et met à néant les calculs de nos commerçants et de nos industriels, déjoue leurs projets et les ruine. Enfin, comme si le vote de ces lois, pourtant accordées avec tant de docilité aux agriculteurs par le Parlement, n'était pas d'un effet assez rapide, intervient la fameuse et néfaste loi du *Cadenas* autorisant le relèvement immédiat des droits par décret sur le simple dépôt d'un projet de loi : en sorte qu'aujourd'hui il est impossible d'acheter à l'étranger sans craindre une hausse imprévue des droits de douane, qui renverserait toute combinaison et ruinerait l'insensé qui aurait osé traiter !

Et cependant, ô logique des gouvernements, c'est au même moment que l'État affecte le plus grand souci des intérêts commerciaux du pays ; on crée des écoles de commerce dans les principales villes avec le concours financier de l'État ; on institue des bourses de voyage et de séjour à l'étranger à l'usage des jeunes gens que les conseils et l'expérience de leurs aînés ne détournent pas de la carrière commerciale ou industrielle ; on fonde un *Office national du Commerce extérieur* (1) destiné à aider la recherche et la création de débouchés nouveaux à nos produits ; partout, au Parlement, dans les journaux, les revues, on proclame la nécessité pour notre pays de ne pas rester indifférent dans cette lutte économique internationale pour la suprématie industrielle ou commerciale ; de tous côtés on conseille aux jeunes gens de s'expatrier, d'aller aux colonies et à l'étranger fonder des comptoirs, des maisons de commerce et d'industrie...., et l'on fait tous les efforts possibles pour soustraire la France aux transactions internationales en élevant sur ses frontières de rigides murailles infranchissables !

Il est certain, en effet, qu'il faut aviser sans retard, mais que l'on ne reproche rien à nos commerçants. Ils sollicitent, pour agir, plus d'impartialité de l'État et plus de liberté, et ils ne demandent que justice, car l'État a avant tout un devoir strict, celui d'assurer l'ordre et la paix, la liberté, la justice, l'égalité entre les diverses classes de la nation. C'est en faveur de ces idées surtout que nous devons réagir en France, et la mesure que nous jugeons la plus nécessaire, mais que nous n'espérons pas voir accueillir favorablement étant donné l'état des esprits

---

(1) Loi du 4 mars 1898.

aujourd'hui, c'est l'abandon du tarif de douanes actuel, l'abrogation de la loi du Cadenas et le retour à la politique sage des traités de commerce, seule capable de concilier et d'aider les divers intérêts en graduant la protection nécessaire à chacun d'eux (1).

---

(1) «La saine politique commerciale est celle qui se fonde sur le principe *do ut des*, celle que les Anglais appellent *fair trade*. Elle conduit les grandes nations à une série de concessions commerciales mutuelles graduées pour chacun, suivant l'importance des concessions auxquelles elles consentent elles-mêmes.....». Schœffle. Dans la revue *Die Zukunft*, 9 octobre 1897, traduit par G. Blondel. *In : L'Essor commercial et industriel du peuple allemand*. Paris, 1898.

CHAPITRE III

Prévisions sur la formation et le développement des Ententes agricoles

---

La tendance vers le monopole dans le mouvement économique actuel de l'agriculture.

Les syndicats agricoles ne tendent pas à réaliser *la vie à bon marché :* arguments tirés de leur campagne contre le commerce, de l'établissement du régime protectionniste agricole et de la multiplication des coopératives de vente des produits agricoles.

Les Ententes agricoles.— Définition. — La loi de substitution. — La formation des diverses Ententes agricoles: leur fonctionnement.

Le monopole agricole privé.— De l'*Étatisation* ou de la substitution de l'État aux Ententes.— Le meilleur moyen de prévenir la formation des Ententes agricoles est de revenir à un régime de liberté économique.

La tendance vers la concentration, la grande production et le monopole est un des caractères du mouvement économique moderne les plus importants et les plus généralement reconnus par les économistes : cette tendance se manifeste dans tous les domaines de la production. On a dit pourtant que, seule, l'agriculture était restée presque complètement en dehors de cette évolution économique générale (1) ; cela est exact si l'on considère l'agriculture telle qu'elle était il y a peu d'années encore, limitée exclusivement à l'exploitation du sol, et, nous-même, nous sommes efforcé de démontrer que l'*association de production dans l'agriculture* n'existait

---

(1) Gide (Ch.). *Principes d'économie politique*, 5e édition, 1896, p. 189.

pas (1). Mais cette assertion n'estplus fondée si l'on étudie l'évolution agricole si intense depuis la loi de 1884 sur les associations professionnelles, si l'on tient compte de l'adjonction, qui en est résultée, à l'industrie de l'exploitation du sol, de l'industrie commerciale agricole (2) où s'est marqué avec une intensité nulle part égale ce mouvement vers la concentration. Si même on se refuse à faire une distinction aussi nette entre ces deux branches de l'industrie agricole, nous ne pouvons admettre que l'on excepte arbitrairement l'agriculture de l'évolution générale des industries vers la grande production et le monopole, car il n'est, nous semble-t-il, aucune raison sérieuse qui empêche d'assimiler les coopératives agricoles de vente et de transformation des produits et les syndicats agricoles à ces grands organismes de l'industrie commerciale (Louvre, Bon Marché, Printemps, etc...), qui servent toujours d'illustrations dans les dissertations économiques sur la tendance générale au monopole et qui, eux non plus, ne peuvent être considérés comme directement producteurs.

L'agriculture est, au contraire, en France, l'industrie où se dessine aujourd'hui le plus nettement ce caractère du mouvement économique moderne; c'est en elle que l'évolution vers la concentration s'est manifestée tout d'un coup, rapide, complète, sur tous les points de notre pays, par la constitution des associations agricoles issues ou dérivées de la loi du 21 mars 1884. Cela ne résulte-t-il pas clairement de notre étude du fonctionnement et

---

(1) Voir notre chapitre relatif aux *Sociétés coopératives rurales*.

(2) «..... En résumé, c'est l'agriculture, remplissant elle-même la partie commerciale de son industrie, qui était laissée jusqu'ici à d'autres agents». Bernard. Les Syndicats agricoles. *Journal de l'agriculture*, 1894, p. 570.

de l'extension des syndicats agricoles, de la multiplication des sociétés coopératives de vente de produits agricoles? Dès lors, est-il déraisonnable de penser que l'agriculture doive parcourir d'un pas plus rapide la voie déjà tracée et suivie par les autres industries et que, toutes circonstances favorables aidant, elle tende à se constituer en monopole en France au moyen d'*Ententes* entre les associations de producteurs? Il nous a paru intéressant de terminer cette étude, où nous avons analysé, aussi exactement que nous l'avons pu, l'évolution des associations agricoles jusqu'à nos jours, par quelques considérations sur leur avenir. Si cet avenir dément plus tard nos prévisions, nous aurons la consolation très appréciée de nous être égaré en docte compagnie de savants économistes, car nos prévisions sur la formation probable d'ententes entre les producteurs agricoles sont une simple addition à la thèse de l'évolution économique générale vers la grande production et le monopole, dont certains toutefois veulent exclure l'agriculture.

On a dit encore (1) que cette tendance économique à la multiplication des monopoles ne devait pas être considérée avec effroi, que si le monopole comporte des dangers puisqu'il peut aboutir à reconstituer une aristocratie et au-dessous d'elle une classe inférieure, il procure au consommateur des avantages matériels sérieux, tels qu'une meilleure qualité des produits et des prix moins élevés. Mais, pour démontrer cette dernière proposition, on s'appuyait, à tort, sur l'exemple des grands magasins dont la devise est « Vendre à bon marché pour vendre

(1) Bodin. De la tendance au monopole dans le mouvement économique actuel. *Revue d'économie politique*, 1894, p. 26.

beaucoup », qui ne détiennent pas un véritable monopole ; au contraire, la concurrence est très grande entre eux et les petits commerçants ; leur supériorité affirmée, en effet, par leurs prix modérés tient à ce seul fait que leurs frais généraux sont relativement moindres que ceux du petit commerce, et qu'ils doivent, pour attirer le public, lui offrir des avantages plus considérables. Mais si, pour une raison quelconque, ils essayaient d'élever leurs prix, leur supériorité actuelle s'évanouirait et avec elle toute apparence de monopole. Au contraire, le caractère essentiel inhérent au véritable monopole, artificiel ou naturel, peu nous importe, est la *cherté* (1). C'est en vue de la possibilité de régler et d'élever les prix à leur gré que, de tout temps, les producteurs ou les capitalistes se sont efforcés de constituer soit des monopoles de longue durée (compagnies de transports, industries diverses, brevets, etc.), soit ces monopoles passagers, plus connus sous le nom d'*accaparements*, si tristement célèbres autrefois, célèbres de nos jours aussi par les enrichissements énormes ou les désastres financiers dont ils furent la cause.

Lorsque les syndicats agricoles entreprirent leur campagne pour la suppression des intermédiaires à la vente des produits agricoles, ils n'eurent garde de prétendre confisquer pour eux seuls le bénéfice jusqu'alors prélevé par le commerce sur les affaires traitées avec les producteurs et avec les consommateurs ; ils clamèrent bien haut,

(1) Le monopole produit un double effet : 1° hausse du prix ; 2° absence de qualité du produit ou tout au moins absence d'amélioration. Ce double effet s'explique naturellement par le désir du vendeur de réaliser le gain le plus élevé possible, et par la certitude de n'être supplanté par personne auprès des consommateurs. *Dictionnaire d'économie politique*. Mot : *Monopole*, par M. Fernand Faure.

au contraire, leur ardent désir, si généreux, si noble, de prendre sous leur protection le consommateur empoisonné et volé par ces misérables intermédiaires en lui offrant la bonne qualité des produits et les prix les moins élevés possibles s'il prenait l'habitude d'effectuer ses achats directement chez le producteur. Les syndicats échouèrent à peu près totalement dans leurs tentatives de ventes directes à la consommation (1). Nous nous sommes félicité que le consommateur ait su résister aux séductions des associations agricoles et ait ainsi conservé son indépendance vis-à-vis du producteur, mais nous doutons qu'il puisse échapper bien longtemps encore à la rapacité des agriculteurs ; ceux-ci, en effet, ont travaillé incessamment à s'unir, à se fortifier, à devenir, par leurs syndicats de producteurs, les maîtres tout puissants du marché national, et le jour est proche où le résultat définitif de la politique agricole actuelle apparaîtra sous la forme d'un monopole des produits du sol national pour le seul profit des propriétaires ruraux (2).

C'est là, en effet, le but de tous les efforts des associations de producteurs agricoles, et il est aisé de s'en convaincre par une revue rapide de leur politique depuis une dizaine d'années. Tout d'abord, concurremment avec leur campagne contre le commerce, les associations agricoles firent un assaut violent à la politique des traités de com-

(1) Voir notre chapitre : *Les Opérations commerciales des Syndicats agricoles.*

(2) Déjà, en 1894, M. F. Bernard indiquait les tentatives des syndicats agricoles pour agir sur les prix et le seul moyen réellement efficace : «..... les syndicats vendeurs pourraient avoir plus de puissance sur la consommation, une action plus efficace sur les prix pour peu qu'ils se consultent, qu'ils agissent de concert, mais cette *entente formidable* retournerait le danger et la consommation pourrait en arriver à se plaindre plus sérieusement encore». *Journal de l'agriculture*, 1894, p. 713.

merce : le régime de protection douanière qu'elles réclamaient et obtinrent dès 1892 n'avait d'autre objet qu'aider puissamment la hausse des prix des produits du sol français. Sans doute, en réclamant l'établissement du tarif douanier actuel, les agriculteurs firent ressortir leur impuissance à soutenir la concurrence de l'étranger producteur à moindre prix de revient et réclamèrent d'abord des tarifs susceptibles de permettre une juste concurrence en plaçant les producteurs français et étrangers sur un terrain d'égalité : mais bientôt ils protestèrent que les prix de vente n'étaient plus suffisamment rémunérateurs depuis que la culture devenait plus scientifique, nécessitait plus de soins, et tous leurs efforts tendirent à relever ces prix. Que devenait ici l'intérêt du consommateur ? Les agriculteurs s'en soucièrent peu, et ils le prouvèrent à maintes reprises, ainsi qu'en témoigne le fait par nous cité (1), rapporté par un représentant très autorisé de la consommation, M. Chiousse, président de l'Union des sociétés coopératives de consommation des employés du P.-L.-M.

La hausse des prix s'est cependant effectuée trop lentement, incomplètement, au gré des agriculteurs ; elle a été fort entravée par des obstacles qu'ils se sont efforcés de faire disparaître, et ils y ont réussi en partie. C'était d'abord l'existence de droits d'octroi à l'entrée des produits agricoles dans les grandes villes qui empêchaient d'élever les prix, car le consommateur, découragé, aurait limité ou parfois supprimé ses achats. Les associations agricoles ont ici encore obtenu satisfaction, et la suppression des octrois ou, à défaut du consentement

---

(1) Voir page 38.

des communes, la diminution des tarifs d'octroi ont été édictées par les lois du 29 décembre 1897 et du 9 mars 1898. Mais l'obstacle le plus sérieux, le plus difficile à vaincre, était la concurrence entre les producteurs eux-mêmes que la nécessité de recouvrer les avances faites à la culture obligeait à vendre dès l'achèvement de la récolte ; ceux-ci contrariaient les efforts des associations agricoles en vue de la hausse des prix par leur empressement à trouver des acquéreurs dans le commerce. Il fallait donc que l'agriculteur fût en mesure d'attendre le moment propice pour vendre, et alors apparaissaient, comme de nécessité urgente, l'organisation du crédit agricole donnant la facilité d'emprunter à des conditions peu onéreuses, l'institution des warrants agricoles et de magasins généraux permettant de gager les récoltes et d'attendre pendant un certain temps des ventes plus avantageuses. Cette organisation complexe est, nous l'avons vu, en bonne voie, et des lois déjà votées par la Chambre, très prochainèment approuvées par le Sénat, vont définitivement instituer et le crédit agricole et les warrants agricoles. Cela fait, l'entente sera plus aisée entre les propriétaires dont les besoins seront moins criants ; mais elle ne sera possible toutefois que si les agriculteurs adhèrent en masse aux associations agricoles, que si les agriculteurs syndiqués deviennent la grande majorité dans nos campagnes. Actuellement, l'initiative des non syndiqués entraverait toute action des associations agricoles.

Les syndicats ont compris la nécessité de recruter le maximum d'adhésions parmi les agriculteurs pour mener à bonne fin les difficiles négociations d'ententes en vue d'élever les prix des produits agricoles ; ils ont aussi compris que les agriculteurs devaient abdiquer toute liberté et remettre aux associations agricoles déjà existantes la recherche et la défense efficace de leurs intérêts, en confiant notamment à elles seules le soin de traiter les ventes de leurs récoltes. C'est ainsi que le 2me Congrès national des syndicats agricoles (1) émettait le vœu :

« Que c'est par les syndicats agricoles *groupés en Unions régionales* que doit être organisée la vente des produits agricoles *au moyen de coopératives régionales ou locales dans des cas particuliers et pour des natures spéciales de produits* ».

Il est évident que si la vente des produits du sol était ainsi établie régulièrement par la seule entremise des associations agricoles, les diverses coopératives de vente ne rencontreraient plus de difficultés sérieuses à leur entente pour la hausse des prix.

D'ailleurs, il est établi que toutes les fois que le nombre des producteurs a été limité, toutes les fois que les agriculteurs ont pu s'associer en vue de la vente en commun de leurs produits, ils ont aussitôt élevé les prix, sans nulle considération de l'intérêt du consommateur. En voici un exemple que nous empruntons à une étude de M. Mabilleau ; nous ne nous excuserons pas de la longueur de la citation, car notre lecteur ne songera pas à nous la reprocher : « Il existe, dans la région sèche et montagneuse des Bouches-du-Rhône, deux petites communes, Cuges et Roquevaire, qui ont adopté, depuis un temps immémorial, la culture du câprier, dont le bouton floral, confit dans le vinaigre, forme le condiment culinaire que l'on sait. De cette culture et de cette préparation (qui ne doit

(1) Tenu à Angers les 20, 21 et 22 mai 1895.

subir aucun retard), elles ont pour ainsi dire le monopole en Europe comme en France, et la préférence se justifie par une indéniable supériorité. Jusqu'en 1892, chaque famille travaillait pour soi, et les bénéfices, sans être considérables, suffisaient à peu près aux besoins de la vie, lorsqu'une crise vint bouleverser la petite industrie champêtre. L'Espagne et l'Algérie, qui possèdent, elles aussi, des câpriers, mais sauvages, non amendés par des soins séculaires, s'étaient mises à fabriquer des conserves et les expédiaient à bon compte aux négociants en gros, toujours à l'affût de rabais possibles. Le kilo de câpres tomba du coup à 0 fr. 65. C'était la ruine pour Cuges et Roquevaire, car le prix rémunérateur s'élève pour elles, au minimum, à 1 fr. ou 0 fr. 95.

»Il se trouva fort heureusement dans les environs un bon conseiller qui suggéra aux agriculteurs l'idée de former une société coopérative *pour réduire les frais et centraliser en même temps la production et la vente*. Les avantages de la réforme se firent aussitôt sentir. D'abord la plus grosse dépense de la préparation était celle du vinaigre, qui, indépendamment du prix d'achat, paye 5 fr. d'impôt par hectolitre, comme s'il était directement livré à la consommation, bien qu'un dixième à peine du liquide soit retenu par les câpres, et que le reste, gâté par l'amertume des fruits qui y ont macéré, doive être immédiatement jeté au ruisseau. Le Syndicat fit ce que ne pouvaient faire les membres isolés: il prit une licence de 25 fr. et fabriqua son vinaigre.

»Ensuite, tous les producteurs étant réunis, les procédés de préparation ont été régularisés et améliorés, la marque unique établie, les prix fixés pour l'ensemble. La confusion avec les câpres exotiques est devenue impossible, et le commerce a dû reprendre le chemin de ce petit coin de Provence où la prospérité est revenue. Le kilo de câpres *non-pareilles* (la forme syndicale permet désormais de mettre à part toute modestie intempestive) est remonté à 1 fr. 10: l'Association en a vendu 200.000 pendant la dernière année et cet afflux d'argent n'a pas troublé la cervelle de nos coopérateurs. Ils en ont profité pour fonder toutes sortes d'institutions de charité et de mutualité autour du Syndicat. Cuges et Roquevaire sont rentrés dans l'idylle où les prédestinait le joli et fin commerce que la tradition leur a légué. Grâces en soient rendues à la coopération et aux hommes qui savent ainsi en user pour le bien du pays» (1). Nous ne méconnaissons pas que l'entente a été ici singulièrement facilitée par le nombre restreint des producteurs, mais il convient de noter que, pour toute autre catégorie de producteurs (de blé, de vin, par exemple), l'entente n'interviendra pas entre les agriculteurs eux-mêmes, mais bien entre les associations primaires (syndicats) dont ils font partie, ce qui la rendra de constitution aisée.

D'autre part, l'entente entre les producteurs de Cuges et de Roquevaire semble, sinon contredire, du moins ne pas favoriser beaucoup notre thèse que les Ententes agricoles visent l'établissement de prix élevés, puisque le prix des câpres n'a été élevé que dans une faible mesure, à 1 fr. 10, pourtant suffisante si l'on se souvient que l'ancien prix de 0 fr. 95 ou 1 fr. était rémunérateur et que du fait de l'association, notamment par l'économie résultant de la fabrication du vinaigre, le prix de revient a été abaissé. En outre, la câpre n'est pas un produit de

(1) Mabilleau. Le Mouvement agraire. *Revue de Paris*, 1er juillet 1897.

nécessité absolue pour l'alimentation, la consommation en est limitée, elle eût été suspendue si les producteurs avaient par trop élevé le prix de leurs câpres *non-pareilles;* les gourmets ou les gourmands se seraient privés du plaisir de consommer les câpres du joli pays de Cuges et de Roquevaire et se seraient contentés de celles d'Algérie ou d'Espagne dont le prix est de moitié moins élevé.

La tendance de l'agriculture vers le monopole par la constitution d'Ententes entre les associations de vente des produits agricoles étant ainsi démontrée, nous devons examiner si le fonctionnement d'une forme économique semblable est possible, théoriquement ou pratiquement, dans l'agriculture. *A priori*, il semble bien que le fonctionnement en doive être régulier et normal, puisque la plupart des économistes considèrent les coalitions ou Ententes comme une forme désormais permanente de la production.

Nous adopterons la définition de M. Ch. Brouilhet sans aucune modification, que ne justifierait pas même le caractère spécial des Ententes que nous étudions. «Nous appellerons *Ententes* les conventions conclues entre des entreprises similaires ou ayant des intérêts communs dans le but de maintenir les prix à un taux ou à des taux déterminés, en agissant collectivement sur la demande et sur l'offre de leurs matières premières, ou de leurs produits fabriqués, ou de leurs services» (1).

La forme la plus ancienne des Ententes est celle très

---

(1) Brouilhet (Ch.). *Essai sur les Ententes commerciales et industrielles et les transformations qu'elles pourraient apporter dans l'ordre économique actuel.* Lyon, 1895.

connue sous le nom d'Accaparements, qui, à certaines époques, soulevèrent si violemment la légitime colère des peuples que le pouvoir royal dut intervenir pour les réprimer ou les réglementer. «Toutes fois, dit Adam Smith, que des marchands de même métier se réunissent, on peut être sûr qu'il se trame quelque chose contre les poches du public» (1). La faveur de l'opinion publique moderne, en Europe, pour les Ententes, doit être attribuée à une réaction causée par les excès de la concurrence internationale et même nationale et à l'engouement à peu près général de nos jours pour les théories protectionnistes. La formation des Ententes est très favorisée dans un pays soumis au régime protectionniste; cela est plus vrai encore des Ententes agricoles, dont le régime protecteur français aide puissamment la constitution. Mais ces Ententes, qui peuvent devenir très puissantes, reposent sur une base bien peu solide et il suffirait d'un changement dans la politique économique, non pas d'un retour complet au libre-échange, mais seulement du rétablissement de traités de commerce modérément protecteurs, pour les ruiner irrémédiablement.

Si nous considérons une entente entre industriels quelconques pour élever le prix de leurs produits, nous la voyons parfois réussir pendant un certain temps et réaliser des bénéfices considérables, mais assez rapidement elle se heurtera à plusieurs obstacles qui amèneront sa ruine à bref délai. Le consommateur d'abord restreindra ses approvisionnements si le prix s'élève trop; les bénéfices considérables réalisés susciteront ensuite une concurrence presque toujours possible dans le domaine indus-

(1) *Recherches sur la nature et les causes de la richesse des nations.*

triel et ainsi les prix ne tarderont pas à s'abaisser. Enfin le dernier obstacle, *celui dont on ne parvient jamais à triompher*, dit M. Leroy-Beaulieu, est la *loi de substitution* (1) *qui, avec le merveilleux développement des connaissances techniques actuelles, fait que toute hausse anormale d'une marchandise porte à l'emploi d'autres marchandises d'une autre nature et d'une autre origine, mais pouvant servir au même objet* (2). Il est évident que ces divers obstacles, mais surtout le dernier, la loi de substitution, doivent triompher assez rapidement de toute Entente industrielle. Une entente en vue de la hausse sur les pétroles, par exemple, fera accroître la consommation de gaz, d'huile, etc..., et les détenteurs seront, à la longue, obligés de baisser leurs prix de vente. N'avons-nous pas vu plusieurs fois les consommateurs se réunir dans certaines villes et s'engager à ne plus user de gaz pour obliger les compagnies concessionnaires à abaisser leur tarif? Mais quelle sera l'influence des obstacles que nous avons énumérés, et notamment de la loi de substitution, sur le fonctionnement et l'avenir des Ententes agricoles? Cette influence pourrait se faire sentir et gêner certaines ententes entre producteurs, telles que des Ententes pour la vente des vins de Champagne, des vins de Bourgogne, etc..., dont la consommation, somme toute, n'est pas nécessaire. Mais il faut noter que, précisément parce que ces produits sont réservés aux consommateurs riches, une hausse

(1) Par loi de substitution, dit encore M. Ch. Brouilhet, il faut entendre «la double possibilité de remplacer la satisfaction d'un besoin ou d'un désir par la satisfaction d'un besoin ou d'un désir différent, et de faire appel, pour la satisfaction d'un même désir ou d'un même besoin, à des moyens très variés». *La Loi de substitution et son rôle en économie politique.* Paris, 1896.

(2) *Traité d'économie politique,* t. IV, p. 45. Paris, 1896.

de prix leur sera peu sensible et que, d'autre part, les producteurs associés auront garde d'élever leurs prix trop imprudemment, pour ne pas compromettre le succès de leur entreprise. Par contre, la loi de substitution ni aucun autre obstacle ne pourront gêner le fonctionnement des Ententes portant sur les autres produits agricoles, presque tous objets d'alimentation de première nécessité, que le consommateur, bon gré mal gré, sera obligé d'acquérir.

On nous objectera peut-être encore que la formation d'Ententes ne se justifierait pas dans certaines branches de la production agricole qui tirent une grande partie de leurs bénéfices de l'exportation de leurs produits à l'étranger, parmi lesquelles figurent les industries de vins de Champagne, de Bordeaux, des eaux-de-vie des Charentes, etc..., dont la consommation nationale n'absorbe annuellement qu'une fraction importante, mais rien qu'une fraction. A cela nous répondrons que rien n'empêchera les Ententes agricoles d'imiter les nombreuses Ententes constituées surtout dans les pays étrangers, de fixer leurs prix pour le marché national, mais de ne plus tenir compte des prix ainsi fixés pour les affaires traitées à l'étranger. La vente à perte à l'étranger est devenue très fréquente (1) dans le fonctionnement des Ententes industrielles ; rien ne s'oppose à ce que les Ententes agricoles n'agissent de même au cas de surproduction, lorsque la consommation nationale n'absorbera pas les stocks disponibles. C'est, somme toute, le consommateur national qui paiera les frais de cette campagne d'exportation, tout au profit de l'étranger ; mais

---

(1) Brouilhet (Ch.). *Essai sur les Ententes commerciales et industrielles*, Lyon, 1895, p. 103-105.

une telle considération n'est pas de nature à arrêter, de nos jours, les producteurs.

Nous devons examiner comment se formeront les diverses Ententes agricoles, car on ne peut admettre l'hypothèse d'une Entente unique entre toutes les associations agricoles, en vue de la détermination des prix de vente des différents produits. Il semble donc que les ententes devront se conclure exclusivement entre associations de producteurs d'une nature spéciale de produits, et c'est bien là ce qu'indiquait le vœu, que nous avons précédemment cité, du 2me Congrès national des syndicats agricoles (1). D'une manière générale, la circonscription de chaque Union régionale paraît devoir délimiter assez exactement la zone propre à chaque grande production spéciale. Nous verrions donc se constituer, selon le vœu du 2me Congrès national des syndicats, des coopératives régionales de vente pour chaque nature de produits, qui, à leur tour, s'entendraient entre elles lorsqu'elles seraient plusieurs en divers points du pays pour un même produit. Ainsi nous aurions, selon toute vraisemblance, une seule Entente entre les producteurs de vins de Champagne, une autre entre les producteurs des vins de Bourgogne, de Bordeaux, etc..., au lieu que pour le blé, pour les vins communs récoltés dans les diverses régions, etc., les Ententes régionales devraient constituer une Entente supérieure entre elles, pour supprimer toute possibilité de concurrence (2).

Les producteurs groupés en associations primaires

---

(1) Voir page 193.

(2) Les Ententes agricoles ainsi constituées présenteraient de grandes analogies avec les *Cartels* (syndicats de producteurs industriels) fort répandus en Allemagne et en Autriche. — Voir : *Revue d'économie politique*, 1894, p. 829-853. Article de M. Menzel ; Brouilhet. *Essai sur les Ententes commerciales et industrielles.*

(syndicats locaux ou coopératives locales) mettront en commun leurs récoltes auxquelles les soins nécessaires seront donnés par l'association. Les coopératives régionales, chacune dans leur circonscription, connaîtront les stocks existant dans chaque association locale et répartiront entre elles les ordres à effectuer, à moins qu'elles ne jugent plus favorable à leurs intérêts de centraliser tout ou partie des stocks des associations locales au siège régional pour exécuter directement au fur et à mesure les commandes. Puis les bénéfices seront répartis par la coopérative régionale proportionnellement aux livraisons faites par les associations locales et celles-ci les répartiront à leur tour selon les apports effectués par les producteurs (1).

Devons-nous penser que les diverses Ententes agricoles, représentées et fonctionnant par des sociétés coopératives de vente constituées entre les associations de producteurs, resteront telles ou se transformeront, dans un avenir plus ou moins éloigné, en sociétés anonymes par actions, à l'exemple de toutes les sociétés coopératives prospères qui réalisent des bénéfices considérables? Nous ne pensons pas que les Ententes constituées sous forme d'associations coopératives doivent se transformer ainsi, car elles ne peuvent subsister et prospérer qu'à la condition d'être formées entre les producteurs agricoles eux-mêmes,

---

(1) Qu'y a-t-il à faire? Ceci: Transformer les syndicats en une vaste association embrassant tout le territoire et fonctionnant comme une gigantesque maison de commerce....... Les collectivistes nous parlent constamment de la socialisation des moyens de production. Socialisons nos moyens d'action, je le veux bien, mais en faisant de l'intérêt personnel — le seul moteur connu des activités fécondes, depuis que le monde existe — le pivot de notre organisation. Nous transformons ainsi l'utopie en solution pratique et le rêve en réalité». E. Wickersheimer. *Nouvelle Revue*, 1er décembre 1897.

et bien certainement leur transformation en sociétés par actions pourrait les mettre aux mains de capitalistes au détriment des producteurs. D'ailleurs, ces sociétés par actions ne nous paraissent pas devoir réussir, car les agriculteurs évincés auraient toujours la possibilité de reformer une nouvelle Entente à côté de l'Entente devenue société par actions, et cette dernière succomberait.

Mais notre législation ne punit-elle pas le délit de coalition, l'entente, en vue de la hausse artificielle du prix d'une marchandise aux dépens du public, et spécialement l'art. 419 (1) du Code pénal n'est-il pas applicable au cas d'entente entre les producteurs agricoles? Certains auteurs ont soutenu que cet article était tombé en désuétude, avait été abrogé implicitement (2) par la loi du 25 mai 1864 proclamant la liberté des coalitions entre ouvriers et patrons, et par la loi du 21 mars 1884 sur les associations professionnelles. Nous ne le pensons pas et croyons fermement qu'aucun article de nos lois ne peut être abrogé implicitement ou par désuétude, que l'article 419 du Code pénal est toujours en vigueur ; mais nous convenons qu'en pratique les Tribunaux se heurteront à des difficultés d'appréciation souvent insolubles et seront

---

(1) Art. 419 Code pénal : «Tous ceux qui par des faits faux et calomnieux semés à dessein dans le public, par des suroffres faites au prix que demandaient les vendeurs eux-mêmes, *par réunion ou coalition entre les principaux détenteurs d'une même marchandise ou denrée, tendant à ne pas la vendre ou à ne la vendre qu'à un certain prix,* ou qui, par des voies et moyens frauduleux quelconques, auront opéré *la hausse ou la baisse du prix des denrées ou marchandises* ou des papiers et effets publics au-dessus ou au-dessous du prix qu'aurait déterminé la concurrence naturelle et libre du commerce, seront punis d'un emprisonnement d'un mois au moins, d'un an au plus, et d'une amende de 500 à 10.000 fr.».

(2) Babled. *Les Syndicats de producteurs et détenteurs de marchandises au double point de vue économique et pénal.* Paris, 1893.

amenés à n'en pas édicter l'application. Même le critère présenté par M. Percerou, si clair, si séduisant en théorie, nous paraît d'usage bien difficile dans les cas qui seront soumis à l'appréciation du juge. « L'article 419 est applicable lorsque, par suite d'une entente ou coalition, les cours d'une denrée ont subi aux dépens du public une perturbation véritable, mais il ne saurait plus s'appliquer lorsqu'un groupe de producteurs se forme, non dans l'intention de monopoliser le marché, mais uniquement pour assurer l'écoulement régulier de leurs produits à un taux suffisamment rémunérateur. Tend-il à l'accaparement ? On le frappe. Poursuit-il seulement le maintien de prix rémunérateurs ? On le respecte » (1). Mais où pour chaque produit s'arrêtera le prix rémunérateur ? Comment dans chaque espèce établir nettement l'intention de monopoliser le marché ou l'intention de faciliter seulement l'écoulement régulier des récoltes ? Le plus souvent, croyons-nous, le juge s'abstiendra de prononcer une condamnation et ainsi disparaît toute possibilité de réprimer les Ententes agricoles (2).

Dès lors, le monopole général du commerce des produits de l'agriculture étant ainsi établi par cette fédération d'Ententes agricoles spéciales, n'y a-t-il pas lieu de prévoir et de redouter, étant encore donné la légèreté de l'opinion publique et la faveur qu'elle manifeste de nos jours pour l'extension des attributions de l'État dans la vie économique de la nation, que l'État ne se substitue

---

(1) Des Syndicats de producteurs. *Annales de droit commercial et industriel*, août 1897.

(2) La Commission des marchés à terme (Chambre des députés) a adopté la partie d'une proposition de loi déposée par M. Rose, tendant à poursuivre l'agiotage et à réprimer l'accaparement par une modification de l'art. 419 du Code pénal (30 janvier 1898). Voir la note 1, p. 178.

aux producteurs et n'absorbe ce monopole privé pour le transformer en monopole public? M. Ch. Brouilhet (1) soutient cette thèse que l'Étatisation ou la *Verstaatlichung* peut être un des termes de l'évolution des syndicats de vente constitués entre les producteurs dans certaines industries importantes; et, en effet, tel semble bien devoir être le terme final de l'évolution des Ententes agricoles (2). N'a-t-on pas proposé déjà pour une branche de la production agricole, le commerce des céréales, d'instituer un monopole exercé par l'État, et cela, en même temps en Suisse, en Allemagne (proposition de M. de Kanitz) et en France (proposition de M. Jaurès)? Les collectivistes se gardent bien d'entraver ce mouvement économique vers la concentration, trop conforme à la réalisation de leurs désirs, et ils se réjouissent de voir ainsi leurs adversaires travailler à leur perte en s'éliminant eux-mêmes de la vie économique (3).

Mais si théoriquement, si même pratiquement, le developpement progressif des Ententes agricoles doit logiquement amener à leur absorption par l'État, nous voulons espérer que l'opinion publique se ressaisira, que les consommateurs refuseront de se laisser écraser par les producteurs agricoles et que ceux-ci même comprendront la folie de leur conduite d'aider à l'extension du socialisme collectiviste pour la satisfaction égoïste de leur seul intérêt. Si les agriculteurs s'obstinaient dans

---

(1) *Essai sur les Ententes commerciales et industrielles*, p. 190 à 196.

(2) Voir également: Gide. *Principes d'économie politique*, 5e édition. Paris, 1896, p. 173.

(3) «Le socialisme chemine dans l'ombre : il recueille le fruit des erreurs et des fautes de tous les partis.....» Rocquigny (Cte de). *Les Syndicats agricoles et le socialisme agraire*. Paris, 1893, p. 338.

leur dessein, les consommateurs devraient aviser et empêcher la formation des Ententes. Le moyen est tout indiqué : c'est celui qu'ont employé les agriculteurs pour arriver à diriger la politique économique de notre pays. Les consommateurs forment eux aussi une force électorale puissante; à eux de s'unir, d'adopter à leur tour un programme de liberté économique (1) et de combattre pour sa réalisation contre le régime protectionniste actuel, seul capable de favoriser au détriment du commerce, de l'industrie et de la consommation, la formation d'Ententes entre les propriétaires du sol français.

---

(1) « Dans tout commerce qui a pour objet une denrée de grande consommation (et heureusement toutes les denrées de nécessité première sont dans ce cas), il n'y a pas de monopole à craindre *si la liberté est entière ;* que les seules causes qui puissent produire le monopole sont ou de mauvaises lois, ou une mauvaise administration, ou des préjugés.» Condorcet. *Mélanges*, t. I. Article : *Monopole et Monopoleur*. Collection des principaux économistes. Guillaumin.

CONCLUSION

A maintes reprises, nous avons critiqué les agissements des syndicats agricoles que l'on essayait de justifier par une interprétation erronée de la loi du 21 mars 1884; nous n'avons jamais adressé de critique sérieuse à cette loi sur les associations professionnelles qui est, somme toute, la meilleure de toutes les législations (1). Quoi qu'en aient dit les agriculteurs, cette loi est très susceptible de favoriser la fonction des syndicats agricoles, bien que le législateur l'ait élaborée surtout en vue des associations professionnelles industrielles. Les doléances des associations agricoles contre la rigueur de la loi de 1884 ont paru fondées parce que, sorties du cadre qu'elle imposait à leur activité, elles ont su éveiller la faveur des gouvernants et ainsi éviter la juste répression qu'elles avaient encourue.

En réalité, les associations agricoles ont mal compris et mal rempli leur rôle. Composées des propriétaires de la terre, elles n'ont jamais essayé sérieusement d'attirer les petits cultivateurs, ceux qui ne possèdent pas ou qui possèdent très peu, auxquels l'association aurait été si utile, si précieuse. Ce sont, somme toute, les puissants de l'industrie agricole, les grands et les moyens proprié-

(1) Voir la préface de M. Pic dans Gonnard. *Caractères généraux de la loi du 21 mars 1884 sur les Syndicats professionnels*. Lyon, 1898.

taires qui se sont syndiqués seulement pour accroître leur richesse et leur puissance aux dépens des autres classes de la nation.

On a dit souvent que les syndicats professionnels étaient un retour au passé en ce qu'ils tendaient à reconstituer, sous des formes nouvelles, les corporations privilégiées que la Révolution avait détruites. Cette assertion, assez osée vis-à-vis des syndicats industriels (tout au moins de la grande majorité des syndicats industriels), est fondée en ce qui concerne l'évolution économique incessante des syndicats agricoles. Les corporations se proposaient surtout le monopole et l'accaparement du marché local. Or, n'avons-nous pas démontré que telle était la tendance des syndicats agricoles (1)?

Nous regrettons beaucoup de voir se développer sans frein cette nouvelle force économique qui constitue un danger imminent pour les classes non agricoles de la nation. Déjà, en 1892, M. Le Royer, président du Sénat, dénonçait le péril social qui résultait de ce retour au régime corporatif : « N'y a-t-il pas lieu de voir, avec une certaine appréhension, les efforts tentés de divers côtés pour reconstituer des corporations privilégiées, qui, sous des noms nouveaux, risqueraient, si l'on n'y prend garde, d'être aussi, sinon plus, dangereuses pour la liberté que celles de l'ancien régime ? S'il faut, dans une démocratie, donner à tous les citoyens les garanties indispensables à la défense de leurs intérêts et de leurs droits, s'il faut

(1) Un fait curieux digne de remarque est cette réapparition des anciennes corporations sous une forme perfectionnée précisément dans un domaine, l'industrie agricole, où elles n'avaient jamais existé. On ne saurait, en effet, considérer les nombreuses communautés rurales que nous avons signalées dès les premières pages de cette étude, même comme une ébauche informe de corporations agricoles.

leur assurer l'égalité devant la loi, doit-on admettre que ces garanties puissent, à aucun moment, se transformer en un instrument d'oppression pour aboutir à un recul incompréhensible?» (1).

L'État a le devoir de réglementer le droit d'association pour le concilier avec le respect de la liberté individuelle et l'ordre social, et il ne doit jamais négliger son droit et son devoir de surveillance des diverses associations. Le danger existe toujours, même dans les associations en apparence les plus paisibles, comme paraissaient être les associations d'achats en commun des engrais nécessaires à l'exploitation du sol; si l'association se développe toujours à son gré, sans frein, elle en vient finalement à écraser les individus ou les collectivités moins puissantes qui la gênent.

Aussi, loin d'accueillir les revendications des agriculteurs, qui, non contents de la surveillance complaisante dont leurs associations ont été entourées jusqu'à maintenant, demandent la suppression de toute entrave et le droit de libre association illimité, nous pensons qu'il appartient à l'État d'aviser sans retard au danger résultant de la constitution dans l'État *d'un État agricole*, selon l'expression des agrariens, et sans qu'il soit nécessaire d'édicter de loi nouvelle plus restrictive de la liberté d'association, de remettre en vigueur vis-à-vis des associations agricoles la loi de 1884 que l'on n'a jamais laissé tomber en désuétude et dont, avec raison, on n'a cessé de se servir pour réprimer les écarts des syndicats ouvriers. Cependant nous doutons que nos gouvernants, soutenus au Parlement par une majorité

(1) *Journal Officiel*. Déb. parl. Sénat (session ordinaire), 15 janvier 1892.

favorable aux associations agricoles, osent prendre cette juste résolution ; nous devons donc finalement, à notre grand regret, conseiller à tous les représentants des intérêts économiques menacés, consommateurs, commerçants (1) et industriels, de se liguer à leur tour et d'opposer à la toute puissance de la Fédération agricole une force électorale aussi bien organisée et résolue à combattre en bon ordre pour la défense de leurs intérêts.

---

(1) En ce moment même, un certain nombre de députés récemment élus viennent de prendre l'initiative de constituer un groupe de défense des intérêts commerciaux, dont le programme général et minimum peut se résumer ainsi : 1° Application du droit commun à toutes les sociétés coopératives ; suppression des économats quels qu'ils soient ; application de la patente à tous les commerces clandestins ; 2° suppression de toutes les coopératives formées entre employés salariés de l'Etat ; 3° application aux grands magasins d'une patente proportionnelle au chiffre d'affaires ; 4° réglementation du commerce des déballeurs et professions similaires ; 5° modification de la loi sur les boissons ; 6° réglementation nouvelle de la régie, droit de faire la preuve ; application de la loi Bérenger aux délits commerciaux ; 7° projet de loi tendant à rendre productives d'intérêts les sommes déposées sous forme de loyers d'avance ou sous forme de cautionnements ; suppression du privilège accordé aux propriétaires en cas de liquidation ou faillite, assimilation aux autres créanciers ; 8° modification des règlements concernant les délais de transports en grande vitesse et responsabilité des Compagnies de chemins de fer en cas de retard ; 9° suppression des octrois et leur remplacement par des taxes directes. (Journaux du 16 juin et du 2 juillet 1898).

Vu : *Le Président de la Thèse,*
A. CHAUSSE.

Vu : *Le Doyen,*
VIGIÉ.

Vu et permis d'imprimer :
Montpellier, le 15 juin 1898,
Pour le Recteur en tournée :
Le Doyen de la Faculté de médecine,
Vice-Président du Conseil de l'Université, délégué,
L. VIALLETON.

ANNEXES

I

Loi du 21 mars 1884 relative à la création des Syndicats professionnels

Article premier. — Sont abrogés la loi des 14-27 juin 1791 et l'article 416 du Code pénal.

Les articles 291, 292, 293, 294 du Code pénal et la loi du 10 avril 1843 ne sont pas applicables aux syndicats professionnels.

Art. 2. — Les syndicats ou associations professionnelles, même de plus de vingt personnes exerçant la même profession, des métiers similaires ou des professions connexes concourant à l'établissement de produits déterminés, pourront se constituer librement sans l'autorisation du gouvernement.

Art. 3. — Les syndicats professionnels ont exclusivement pour objet l'étude et la défense des intérêts économiques, industriels, commerciaux et agricoles.

Art. 4. — Les fondateurs de tout syndicat professionnel devront déposer les statuts et les noms de ceux qui, à un titre quelconque, seront chargés de l'administration ou de la direction.

Ce dépôt aura lieu à la mairie de la localité où le syndicat est établi, et, à Paris, à la préfecture de la Seine.

Ce dépôt sera renouvelé à chaque changement de la direction ou des statuts.

Communication des statuts devra être donnée par le maire ou par le préfet de la Seine au procureur de la République.

Les membres de tout syndicat professionnel chargés de l'administration ou de la direction de ce syndicat devront être Français et jouir de leurs droits civils.

Art. 5. — Les syndicats professionnels, régulièrement constitués d'après les prescriptions de la présente loi, pourront librement se concerter pour l'étude et la défense de leurs intérêts économiques, industriels, commerciaux et agricoles.

Ces Unions devront faire connaître, conformément au deuxième paragraphe de l'article 4, les noms des syndicats qui les composent.

Elles ne pourront posséder aucun immeuble ni ester en justice.

Art. 6. — Les syndicats professionnels de patrons ou d'ouvriers auront le droit d'ester en justice.

Ils pourront employer les sommes provenant des cotisations.

Toutefois, ils ne pourront acquérir d'autres immeubles que ceux qui sont nécessaires à leurs réunions, à leurs bibliothèques et à des cours d'instruction professionnelle.

Ils pourront, sans autorisation, mais en se conformant aux autres dispositions de la loi, constituer entre leurs membres des caisses de secours mutuels et de retraite.

Ils pourront librement créer et administrer des offices de renseignements pour les offres et les demandes de travail.

Ils pourront être consultés sur tous les différends et toutes les questions se rattachant à leur spécialité.

Dans les affaires contentieuses, les avis des syndicats seront tenus à la disposition des parties, qui pourront en prendre communication et copie.

Art. 7. — Tout membre d'un syndicat professionnel peut se retirer à tout instant de l'association, nonobstant toute clause contraire, mais sans préjudice du droit pour le syndicat de réclamer la cotisation de l'année courante.

Toute personne qui se retire d'un syndicat conserve le droit d'être membre des sociétés de secours mutuels et de pensions de retraite pour la vieillesse, à l'actif desquelles elle a contribué par des cotisations ou versements de fonds.

Art. 8.— Lorsque les biens auront été acquis contrairement aux dispositions de l'article 6, la nullité de l'acquisition ou de la libéralité pourra être demandée par le procureur de la République ou par les intéressés.

Dans le cas d'acquisition onéreuse, les immeubles seront vendus, et le prix en sera déposé à la caisse de l'association. Dans le cas de libéralité, les biens feront retour aux disposants ou à leurs héritiers ou ayants cause.

Art. 9. — Les infractions aux dispositions des articles 2, 3, 4, 5 et 6 de la présente loi seront poursuivies contre les directeurs ou administrateurs des syndicats, et punies d'une amende de 16 à 200 francs.

Les Tribunaux pourront, en outre, à la diligence du procureur de la République, prononcer la dissolution du syndicat et la nullité des acquisitions d'immeubles faites en violation des prescriptions de l'article 6.

Au cas de fausse déclaration relative aux statuts et aux noms et qualités des administrateurs ou directeurs, l'amende pourra être portée à 500 francs.

Art. 10. — La présente loi est applicable à l'Algérie.

Elle est également applicable aux colonies de la Martinique, de la Guadeloupe et de la Réunion. Toutefois, les travailleurs étrangers et engagés sous le nom d'immigrants ne pourront faire partie des syndicats.

II

Loi du 5 novembre 1894 relative à la création des Sociétés de crédit agricole

Article premier. — Des sociétés de crédit agricole peuvent être constituées, soit par la totalité des membres d'un ou de plusieurs syndicats professionnels agricoles, soit par une partie des membres de ces syndicats ; elles ont exclusivement pour objet de faciliter et même de garantir les opérations concernant l'industrie agricole et effectuées par ces syndicats ou par des membres de ces syndicats.

Ces sociétés peuvent recevoir des dépôts de fonds en comptes courants avec ou sans intérêts, se charger, relativement aux opérations concernant l'industrie agricole, des recouvrements et des payements à faire pour les syndicats ou pour les membres de ces syndicats. Elles peuvent notamment contracter les emprunts nécessaires pour constituer ou augmenter leurs fonds de roulement.

Le capital social ne peut être formé par des souscriptions d'actions. Il pourra être constitué à l'aide de souscriptions des membres de la société ; ces souscriptions formeront des parts, qui pourront être de valeur inégale ; elles seront nominatives et ne seront transmissibles que par voie de cession aux membres des syndicats et avec l'agrément de la société.

La société ne pourra être constituée qu'après versement du quart du capital souscrit.

Dans le cas où la société serait constituée sous la forme de société à capital variable, le capital ne pourra être réduit par les reprises des apports des sociétaires sortants au-dessous du montant du capital de fondation.

Art. 2. — Les statuts détermineront le siège et le mode d'administration de la société de crédit, les conditions nécessaires à la modification de ses statuts et à la dissolution de la société, la composition du capital et la proportion dans laquelle chacun de ses membres contribuera à sa constitution.

Ils détermineront le maximum des dépôts à recevoir en comptes courants.

Ils régleront l'étendue et les conditions de la responsabilité qui incombera à chacun des sociétaires dans les engagements pris par la société.

Les sociétaires ne pourront être libérés de leurs engagements qu'après la liquidation des opérations contractées par la société antérieurement à leur sortie.

Art. 3. — Les statuts détermineront les prélèvements qui seront opérés au profit de la société sur les opérations faites par elle.

Les sommes résultant de ces prélèvements, après acquittement des frais généraux et payement des intérêts des emprunts et du capital social, seront d'abord affectées, jusqu'à concurrence des trois quarts au moins, à la constitution d'un fonds de réserve, jusqu'à ce qu'il ait atteint au moins la moitié de ce capital.

Le surplus pourra être réparti, à la fin de chaque exercice, entre les syndicats et entre les membres des syndicats au prorata des prélèvements faits sur leurs opérations. Il ne pourra, en aucun cas, être partagé, sous forme de dividendes, entre les membres de la société.

A la dissolution de la société, ce fonds de réserve et le reste de l'actif seront partagés entre les sociétaires, proportionnellement à leur souscription, à moins que les statuts n'en aient affecté l'emploi à une œuvre d'intérêt agricole.

Art. 4. — Les sociétés de crédit autorisées par la présente loi sont des sociétés commerciales dont les livres doivent être tenus conformément aux prescriptions du Code de commerce.

Elles sont exemptes du droit de patente ainsi que de l'impôt sur les valeurs mobilières.

Art. 5. — Les conditions de publicité prescrites pour les sociétés commerciales ordinaires seront remplacées par les dispositions suivantes :

Avant toute opération, les statuts, avec la liste complète des administrateurs ou directeurs et des sociétaires, indiquant leurs noms, profession, domicile et le montant de chaque souscription, seront déposés, en double exemplaire, au greffe de la justice de paix du canton où la société a son siège principal ; il en sera donné récépissé.

Un des exemplaires des statuts et de la liste des membres de la société sera, par les soins du juge de paix, déposé au greffe du Tribunal de commerce de l'arrondissement.

Chaque année, dans la première quinzaine de février, le directeur ou un administrateur de la société déposera, en double exemplaire, au greffe de la justice de paix du canton, avec la liste des membres faisant partie de la société à cette date, le tableau sommaire des recettes et des dépenses ainsi que des opérations effectuées dans l'année précédente. Un des exemplaires sera déposé par les soins du juge de paix au greffe du Tribunal de commerce.

Les documents déposés au greffe de la justice de paix et du Tribunal de commerce seront communiqués à tout requérant.

Art. 6. — Les membres chargés de l'administration de la société seront personnellement responsables, en cas de violation des statuts ou des dispositions de la présente loi, du préjudice résultant de cette violation.

Ils pourront être poursuivis et punis d'une amende de 16 à 200 francs.

Le Tribunal pourra, en outre, à la diligence du procureur de la République, prononcer la dissolution de la société.

Au cas de fausse déclaration relative aux statuts ou aux noms et qualités des administrateurs, des directeurs ou des sociétaires, l'amende pourra être portée à 500 francs.

Art. 7. — La présente loi est applicable à l'Algérie et aux colonies.

III

Projet de loi relatif à l'institution de Caisses régionales de Crédit agricole mutuel (1)

Article premier. — L'avance de 40 millions de francs et la redevance annuelle à verser au Trésor par la Banque de France, en vertu de la convention du 31 octobre 1896, approuvée par la loi du 17 novembre 1897, sont mises à la disposition du gouvernement pour être attribuées, à titre d'avances sans intérêts, aux caisses régionales de Crédit agricole mutuel qui seront constituées d'après les dispositions de la loi du 5 novembre 1894.

Art. 2. — Les caisses régionales ont pour but de faciliter les opérations concernant l'industrie agricole, effectuées par les membres des sociétés locales de Crédit agricole mutuel de leur circonscription et garanties par ces sociétés. A cet effet, elles escomptent les effets souscrits par les membres des sociétés locales et endossés par ces sociétés. Elles peuvent faire à ces sociétés les avances nécessaires pour la constitution de leur fonds de roulement. Toutes autres opérations leur sont interdites.

Art. 3. — Le montant des avances faites aux caisses régionales ne pourra excéder le montant du capital versé en espèces. Ces avances ne pourront être faites pour une durée de plus de cinq ans. Elles pourront être renouvelées. Elles deviendront immédiatement remboursables en cas de violation des statuts ou de modifications à ces statuts qui diminueraient les garanties de remboursement.

Art. 4. — La répartition des avances sera faite par le Ministre de l'agriculture, sur l'avis d'une commission spéciale nommée par décret, qui sera ainsi composée : le Ministre de l'agriculture,

---

(1) Adopté d'urgence par la Chambre des députés le 31 mars 1898. *Journal Officiel*, 1er avril 1898. Débats parlementaires. Chambre des députés, p. 1504.

président ; 2 sénateurs ; 3 députés ; 1 membre du Conseil d'État ; 1 membre de la Cour des Comptes ; le gouverneur de la Banque de France ou son délégué ; 2 fonctionnaires du Ministère des finances ; 3 fonctionnaires du Ministère de l'agriculture ; 6 représentants des sociétés de Crédit agricole mutuel, régionales ou locales, choisis parmi les membres de ces sociétés ; 3 membres du Conseil supérieur de l'agriculture.

Art. 5. — Un décret, rendu sur l'avis de la Commission, fixera les moyens de contrôle et de surveillance à exercer sur les caisses régionales. Les statuts de ces caisses devront être déposés au Ministère de l'agriculture. Ces statuts indiqueront la circonscription territoriale des sociétés, la nature et l'étendue de leurs opérations et leur mode d'administration. Ils détermineront la composition du capital social, la proportion dans laquelle chaque sociétaire pourra contribuer à sa constitution, ainsi que les conditions de retrait s'il y a lieu, le nombre de parts dont les deux tiers au moins seront réservés, de préférence, aux sociétés locales, l'intérêt à allouer aux parts, lequel ne pourra dépasser 5 o/o du capital versé, le maximum des dépôts à recevoir en comptes courants et le maximum des bons bons à émettre, lesquels réunis ne pourront excéder, ensemble, les trois quarts du montant des effets en portefeuille, les conditions et les règles applicables à la modification des statuts et à la liquidation de la société.

Art. 6. — Le Ministre de l'agriculture adressera chaque année au Président de la République un compte rendu des opérations faites en exécution de la présente loi, lequel sera publié au *Journal Officiel*.

IV

Projet de loi relatif à la création et à la négociation des warrants agricoles (1)

ARTICLE PREMIER. — Tout agriculteur peut emprunter sur les produits agricoles ou industriels provenant de son exploitation et énumérés ci-dessous, et en conservant la garde de ceux-ci dans les bâtiments ou sur les terres de cette exploitation.

Les produits sur lesquels un warrant peut être créé sont les suivants : céréales en gerbes ou battues ; fourrages secs, plantes officinales séchées ; légumes secs, fruits séchés et fécules ; matières textiles, animales ou végétales ; graines oléagineuses, graines à ensemencer ; vins, cidres, eaux-de-vie et alcool de nature diverse ; cocons secs et cocons ayant servi au grainage ; bois exploités, résines et écorces à tan ; fromages, miel et cires, huiles végétales ; sel marin.

Le produit agricole warranté reste, jusqu'au remboursement des sommes avancées, le gage du porteur de warrant.

Le cultivateur est responsable de la marchandise, qui reste confiée à ses soins et à sa garde, et cela sans indemnité.

ART. 2. — Le cultivateur, lorsqu'il ne sera pas propriétaire ou usufruitier de son exploitation, devra, avant tout emprunt, aviser le propriétaire du fonds loué de la nature, de la valeur et de la quantité des marchandises qui doivent servir de gage pour l'emprunt, ainsi que du montant des sommes à emprunter.

Cet avis devra être donné au propriétaire, à l'usufruitier ou à leur mandataire légal désigné par l'intermédiaire du greffier du juge de paix du canton du domicile de l'emprunteur. La lettre d'avis sera remise au greffier qui devra la viser, l'enregistrer et l'envoyer sous forme de lettre recommandée comportant accusé de réception.

---

(1) Adopté d'*urgence* par la Chambre des députés le 31 mars 1898. — *Journal Officiel*. Déb. parl. Ch. des dép. (session ordinaire), avril 1898, p. 1498. Voir la note 2 de la page 137.

Le propriétaire, l'usufruitier ou le mandataire légal désigné pourront, dans le cas où des termes échus leur seraient dus, dans un délai de douze jours francs à partir de la lettre recommandée, s'opposer au prêt sur lesdits produits par une autre lettre adressée au greffier du juge de paix et également recommandée.

Art. 3. — Le greffier de la justice de paix inscrira sur les deux parties d'un registre à souche, établi spécialement à cet effet et d'après la déclaration de l'emprunteur, la nature, la quantité et la valeur des produits qui devront servir de gage à son emprunt, ainsi que le montant des sommes à emprunter.

Dans le cas où l'emprunteur ne sera point propriétaire ou usufruitier de l'exploitation, le greffier du juge de paix devra, en outre des indications ci-dessus, mentionner la date de l'envoi de l'avis au propriétaire ou usufruitier, ainsi que la non-opposition de leur part après douze jours francs à partir de l'envoi de la lettre recommandée.

La feuille détachée de ce registre devient le warrant qui permettra au cultivateur de réaliser son emprunt.

Art. 4. — Le warrant doit indiquer si le produit warranté est assuré ou non, et, en cas d'assurance, le nom et l'adresse de l'assureur.

Les porteurs de warrants ont, sur les indemnités d'assurances dues en cas de sinistre, les mêmes droits et privilèges que sur la marchandise assurée.

Art. 5. — Les greffiers sont tenus de délivrer à tout prêteur qui le requiert, avec l'autorisation de l'emprunteur, copie des inscriptions d'emprunt faites par l'emprunteur ou certificat établissant qu'il n'en existe aucune.

Art. 6. — L'emprunteur qui aura remboursé son warrant le fera constater au greffe de la justice de paix de son canton. Le remboursement sera inscrit sur le registre à souches prévu à l'art. 3, et il lui sera donné un récépissé de la radiation de son inscription.

Art. 7. — L'emprunteur peut, même avant l'échéance, rembourser la créance garantie par le warrant.

Si le créancier refuse ses offres, le débiteur peut, pour se libérer, consigner la somme offerte, en observant les formalités prescrites par l'art. 1259 du Code civil. Sur le vu d'une quittance de consignation régulière et suffisante, le juge de paix rendra une ordonnance aux termes de laquelle le gage sera transporté sur la somme consignée.

En cas de remboursement anticipé d'un warrant agricole, l'emprunteur bénéficie des intérêts qui restaient à courir jusqu'à l'échéance du warrant, déduction faite d'un délai de dix jours.

Art. 8. — Les établissements publics de crédit peuvent recevoir les warrants comme effets de commerce, avec dispense d'une des signatures exigées par leurs statuts.

Art. 9. — L'escompteur ou réescompteur d'un warrant sera tenu d'en donner avis immédiat au greffier du juge de paix, par lettre recommandée avec accusé de réception.

Art. 10. – A défaut de paiement à l'échéance et après avis préalable transmis par lettre recommandée à l'emprunteur, pour laquelle un avis de réception doit être demandé, le porteur du warrant, huit jours après l'avertissement et sans aucune autre formalité de justice, mais avec les formes de publicité prévues par les art. 617 et suivants du Code de procédure, peut faire procéder, par un officier ministériel, à la vente publique, aux enchères, de la marchandise engagée.

Art. 11. — Le créancier est payé directement de sa créance sur le prix de vente, par privilège et préférence à tous créanciers, sans autre déduction que celle des contributions directes et des frais de vente, et sans autres formalités qu'une ordonnance du juge de paix.

Art. 12. — Le porteur du warrant perd son recours contre les endosseurs, s'il n'a pas fait procéder à la vente dans le mois qui suit la date de l'avertissement. Il n'a de recours contre l'emprunteur et les endosseurs qu'après avoir exercé ses droits sur les produits warrantés. En cas d'insuffisance, le délai d'un mois lui est imparti, à dater du jour où la vente de la marchandise est réalisée, pour exercer son recours contre les endosseurs.

Art. 13. — Tout agriculteur convaincu d'avoir détourné, dissipé ou volontairement détérioré au préjudice de son créancier le gage de celui-ci, sera poursuivi correctionnellement comme coupable d'abus de confiance et puni conformément aux art. 406 et 408 du Code pénal, sans préjudice de l'application de l'art. 463 du même Code.

Art. 14. — Lorsque, pour l'exécution de la présente loi, il y aura lieu à référé, ce référé sera porté devant le juge de paix.

Art. 15. — Un décret déterminera les émoluments à allouer au greffiers de justice de paix pour l'envoi des lettres recommandées, l'achat et la tenue des registres, ainsi que pour la délivrance des certificats. Il établira, s'il y a lieu, toutes les mesures nécessaires pour l'exécution de la présente loi.

Art. 16. — Sont dispensés de la formalité du timbre et de l'enregistrement : les lettres prévues aux art. 2, 9 et 10 et leurs accusés de réception ; la souche du registre institué par l'art. 3 ; la copie des inscriptions d'emprunt, le certificat négatif et le récépissé de radiation mentionnés aux art. 5 et 6 de la présente loi.

La feuille détachée du registre à souche, et qui deviendra le warrant au moyen duquel le cultivateur réalisera son emprunt, restera soumise au droit commun, c'est-à-dire qu'elle deviendra passible du droit de timbre des effets de commerce (5 centimes p. 100) au moment de sa transformation en warrant et de sa remise, comme tel, au prêteur.

L'enregistrement (50 centimes p. 100) ne deviendra obligatoire que dans le cas de protêt.

Art. 17. — La présente loi sera applicable à l'Algérie.

BIBLIOGRAPHIE

Almanach de la Démocratie rurale. Années 1894 et 1898.

ANGLADE (D'). Le Crédit agricole personnel et mobilier. Bordeaux, 1896.

Annuaire de législation française publié par la Société de législation comparée. Années 1885, 1890 et 1895.

Annuaire des Syndicats agricoles et de l'agriculture française, 1894-1895.

ARTOIS (D'). Les Syndicats agricoles. Historique et commentaire de la loi de 1884. Paris, 1895.

ASTIER. Un Essai de crédit agricole dans l'Hérault. *Bulletin de la Société d'encouragement à l'agriculture de l'Hérault*, janvier 1898.

BABLED (H.). Les Syndicats de producteurs et détenteurs de marchandises au double point de vue économique et pénal. Paris, 1893.

BERNARD (Fr.). Les Systèmes de culture. Les spéculations agricoles. Principes d'économie rurale. Montpellier, C. Coulet. 1898.

— Les Syndicats agricoles. Montpellier, C. Coulet, 1890.

— Le Crédit agricole et la loi du 5 novembre 1894. Montpellier, C. Coulet, 1896.

— L'Avenir de l'agriculture française. Montpellier, C. Coulet, 1894.

— Une Banque de l'agriculture. Montpellier, C. Coulet, 1897.

BLONDEL. Etudes sur les populations rurales de l'Allemagne et la Crise agraire. Paris, 1897.

— L'Essor commercial et industriel du peuple allemand. Paris, 1898.

BODIN. De la tendance au monopole dans le mouvement économique actuel. *Revue d'économie politique*, 1894.

BOULLAIRE. Manuel des syndicats professionnels agricoles. Paris, 1888.

BOULLAY. Code des syndicats professionnels agricoles. Paris, 1886.

BROUILHET (Ch.). Essai sur les ententes commerciales et industrielles et les transformations qu'elles pourraient apporter dans l'ordre économique actuel. Lyon, 1895.

— La loi de substitution et son rôle en économie politique. Paris, 1896.

BRUNO M.-J. DUBRON. Docks et Warrants. Traité théorique et pratique du magasin général. Paris, 1898.

BRY (G.). Cours élémentaire de législation industrielle. Paris, 1895.

CAUWÈS. Traité d'économie politique. Paris, 1892.

CLAUDIO JANNET. Le Socialisme d'Etat et la réforme sociale. Paris, 1890.

COHEN (E.). La Politique agricole. Appel aux électeurs ruraux. Paris, 1898.

Concours (Le) entre les syndicats agricoles au Musée social. (Rapport et Discours). Paris, 1897.

CONDORCET. Article : Monopole et monopoleur. Collection des Mélanges d'économie politique. Guillaumin, t. I.

CONVERT. La Propriété. Constitution, estimation, administration. Montpellier, C. Coulet, 1888.

— Les Entreprises agricoles. Organisation. Direction. (Capital, travail et crédit). Montpellier, C. Coulet, 1890.

— Le Crédit viticole. *Annales de la Société des viticulteurs de France et d'ampélographie,* 1898, n° 1.

COURCY (DE). De l'assurance par l'Etat, 4e édition. Paris, 1894.

CUCHEVAL-CLARIGNY, E. SALLE et DE ROCQUIGNY. Les Syndicats agricoles et l'assurance. Rapports à la Société des agriculteurs de France.

DESCHANEL. Discours sur la Crise agricole. *Journal Officiel.* Ch. des dép. Déb. parl., session ordinaire, 1897.

Dictionnaire d'économie politique Léon Say et Chailley-Bert. Mots : Syndicats agricoles, Monopole.

DURAND (L.). Le Crédit agricole et l'Etat. *Revue de Paris,* 1er novembre 1897.

ESMEIN. Éléments de droit constitutionnel. Paris, 1896.

GAIN. Les Syndicats professionnels agricoles. Paris, 1891.

GENIN. Les Associations agricoles dans l'ancienne France et sous le régime de la loi de 1884. Lyon, 1893.

GIDE (Ch.). Principes d'économie politique, 5e et 6e édition. Paris, 1896 et 1898.

— L'Avenir de la coopération. *Revue socialiste,* 15 juin 1888.

— De la Coopération et des transformations qu'elle est appelée à réaliser dans l'ordre économique. *Revue d'économie politique,* 1889.

GIRAULT. Principes de colonisation et de législation coloniale. Paris, 1895.

GLOTIN (H.). Etude historique, juridique et économique sur les Syndicats professionnels. Paris, 1892.

GODDE (Ch.). Le Crédit personnel de l'agriculteur et les Sociétés de crédit agricole. Paris, 1897.

GONNARD (R.). Caractères généraux de la loi de 1884 sur les Syndicats pro fessionnels. Justification de cette loi : réformes possibles. 1898. *Annales de l'Université de Lyon*, fasc. XXXVI.

HAURIOU. Précis de droit administratif et de droit public général. Paris, 1897.

JAURÈS. Discours sur la Crise agricole. *Journal Officiel*. Ch. des dép. Déb. parl., session ordinaire, 1897.

JEANNENEY. Du Crédit agricole mobilier. Besançon, 1889.

KERGALL. Du rôle social des Syndicats agricoles. Rapport présenté au 3e Congrès national des syndicats agricoles.

LABAT. Les Syndicats professionnels agricoles. Toulouse, 1893.

L'ELEU. Des Communautés rurales dans l'ancienne France jusqu'à la fin du XIIIe siècle. Paris, 1896.

LEROY-BEAULIEU (Paul). Traité d'économie politique. Paris, 1896.
— L'Etat moderne et ses fonctions. Paris, 1891.

LEROY-BEAULIEU (Pierre). Les Communautés agraires en Australie. *Réforme sociale*, juin 1896.

MABILLEAU. Le Mouvement agraire. *Revue de Paris*, 1er juillet 1897.

MABILLEAU, RAYNERI et DE ROCQUIGNY. La Prévoyance sociale en Italie. (Bibliothèque du Musée social). Paris, 1898.

PELAGAUD. Rapport sur les banques coloniales à la Société d'économie politique de Lyon, 1893.

PERCEROU. Des Syndicats de producteurs. *Annales de droit commercial et industriel*, août 1897.

PIC (P.). Traité élémentaire de législation industrielle, t. I. Paris, 1894.

POCHON. Les Syndicats agricoles. Caen, 1894.

PRINS. La Démocratie et le régime parlementaire. Liège, 1887.

RENÉ HENRI. Le Parti rural organisé et mobilisable. *Revue politique et parlementaire*, 10 juillet 1897.

ROCQUIGNY (Cte DE). Les Syndicats agricoles et le socialisme agraire. Paris, 1893.
— La Coopération de production dans l'agriculture. Syndicats et sociétés coopératives agricoles. Paris, 1896.
— Le Mouvement syndical dans l'agriculture. Les Syndicats agricoles et leurs Unions. Rapport au 3e Congrès national des syndicats agricoles. Paris, 1897.
— L'Intervention des syndicats agricoles dans l'assurance contre les accidents du travail agricole. Rapport à la Société des agriculteurs de France, 1894.

ROUGIER. Précis de législation et d'économie coloniales. Paris, 1895.

Roux (Ch). La Situation de notre commerce. *Revue politique et littéraire*, 1er janvier 1898.

Salle (E.). Rapport sur l'assurance-grêle à la Société des agriculteurs de France. Paris, 1894.

Salles (P.). Du rôle économique des Syndicats agricoles. Montpellier, 1896.

Statistique agricole de la France (résultats généraux de l'enquête décennale de 1892) publiée par le Ministère de l'agriculture. Paris, 1897.

Tallavignes. Les Caves coopératives. Montpellier, C. Coulet, 1896.

Thaller. Traité élémentaire de droit commercial. Paris, 1898.

Thomereau (A.). Les Assurances agricoles. Etat actuel de la question. Paris, 1894.

Thouillon. Le Crédit agricole. Paris, 1893.

Tripard. Des Associations agricoles et plus particulièrement des associations fruitières dans l'Est de la France. Paris, 1890.

Verneuil. Les Eaux-de-vie des Charentes. Leur production et l'utilité de mesures à prendre pour en faciliter l'exportation. *Annales de la Société des viticulteurs de France et d'ampélographie*, 1898, No 1.

Verstraete. Rapport sur le Crédit industriel et agricole en Russie. *Bulletin du Ministère de l'agriculture*, 1895.

Wickersheimer. L'Agriculture à grands rendements et la réforme des tarifs. *Nouvelle Revue*, 1er décembre, 1897.

Zolla (D.). Etudes d'économie rurale. Paris, 1896.

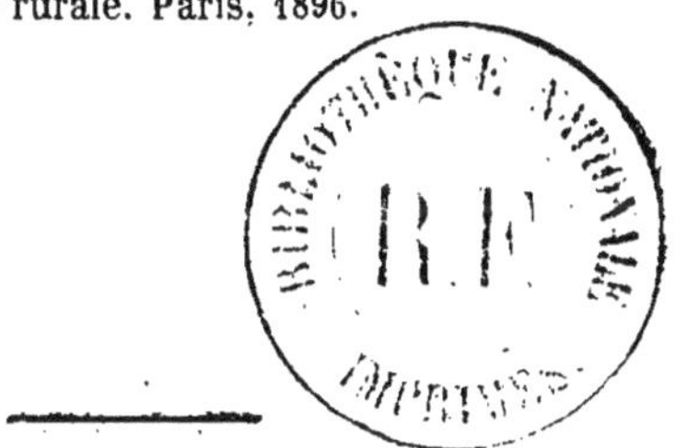

TABLE DES MATIÈRES

CHAPITRE II

Le rôle social des syndicats agricoles

CHAPITRE III

Les Sociétés coopératives agricoles

CHAPITRE IV

Du Crédit agricole

DEUXIÈME PARTIE

LA FÉDÉRATION AGRICOLE

CHAPITRE PREMIER

Les Unions de syndicats agricoles

CHAPITRE II

L'influence de la Fédération agricole sur la politique économique

CHAPITRE III

Prévisions sur la formation et le développement des Ententes agricoles

ANNEXES

FIN

Montpellier. — Imprimerie Serre et Roumégous, rue Vieille-Intendance, 5

www.ingramcontent.com/pod-product-compliance
Lightning Source LLC
Chambersburg PA
CBHW071633200326
41519CB00012BA/2278

* 9 7 8 2 0 1 1 3 0 7 9 6 5 *